Table

Londres 1717

En 1717, à Londres, quatre loges – dont on ne sait si elles existaient depuis quelques jours ou de nombreuses années – se fédèrent et créent la Grande Loge de Londres et de Westminster.

Les animateurs de la nouvelle Grande loge, en dépit de leurs dénégations, semblent avoir constitué une organisation profondément nouvelle. On ne peut que remarquer les liens de beaucoup d'entre eux – au premier rang desquels le huguenot français Jean-Théophile Désaguliers – avec la Royal Society et les milieux Newtoniens. Les disciples de Newton prônaient la tolérance religieuse et l'étude de la nature.

Dès 1723, la nouvelle organisation publiera ses Constitutions et règlements dont la rédaction a été confiée au Pasteur, d'origine écossaise, James Anderson. Les Constitutions d'Anderson reprennent en partie les Anciens Devoirs mais elles apportent aussi des innovations capitales comme d'assurer aux Francs-Maçons la liberté de conscience.

L'article premier «concernant Dieu et la Religion» précise en effet : « *quoique dans les temps anciens, les Maçons fussent obligés, dans chaque pays d'être de la religion du pays ou nation, quelle qu'elle fût, aujourd'hui il a été considéré plus commode de les astreindre seulement à cette religion sur laquelle tous les hommes sont d'accord, laissant à chacun ses propres opinions, c'est-à-dire d'être des hommes de bien et loyaux ou des hommes d'honneur et de probité* ».

Tout au long du XVIIIème siècle, les loges vont se multiplier en Grande Bretagne, elles se rangeront sous l'obédience des Grandes Loges d'Ecosse (fondée en 1736) ou d'Angleterre (celle de 1717). Celle-ci verra apparaître une rivale en 1751, une nouvelle Grande Loge dite, bien que plus récente, « des Anciens ».

1725 : La Franc-maçonnerie en France

C'est autour de 1725, qu'apparaissent les premières loges en France. Elles s'implantent dans l'ambiance libérale et anglophile apparue sous la Régence et ne touchent d'abord que la haute aristocratie.

L'authenticité de la filiation rituelle est dès l'origine une préoccupation des Maçons. Avant que les Grandes Loges ne centralisent l'octroi de patentes aux nouveaux ateliers, ceux-ci les demandaient aux loges anciennes et bien établies qui se créaient ainsi tout un réseau de loges filles.

Avant 1738, les premiers Grands-Maîtres de la Franc-maçonnerie française sont – probablement comme la majorité des frères – des exilés britanniques résidant en France. En 1743, le Comte de Clermont est élu Grand-Maître, il le restera jusqu'à sa mort en 1771. Noble de haut rang, son rôle est d'être un protecteur, il n'intervient pas dans la gestion directe de l'Ordre et n'exerce qu'un parrainage distant relayé par des substituts.

1738 inaugure une longue série de bulles papales d'excommunication des Francs-Maçons. Le Pape reproche à l'Ordre sa tolérance religieuse, on ne met pas sur un même plan la vérité et l'erreur! Cependant ces bulles ne seront jamais enregistrées par les parlements, étape obligée pour avoir force de loi, et les ecclésiastiques seront nombreux dans les loges.

Si le gouvernement du Cardinal Fleury cherche un temps, sans succès, à interdire la Franc-maçonnerie, c'est qu'il y voit un repaire de Jansénistes. Ceux-ci étaient considérés comme des opposants à la monarchie absolue et des partisans de la liberté de conscience. C'est aussi l'époque où les cérémonies et les secrets des Maçons sont révélés au public par des livres ou des gravures.

A partir de 1740, la Maçonnerie va se diffuser largement dans toute la France. Rares sont les petites villes qui ne compteront pas de loges. Elles sont un lieu de convivialité où – bien dans l'esprit du siècle – les frères célèbrent la vertu et l'égalité. Peu à peu – et probablement de manière inconsciente – s'y développe une sociabilité libérale et démocratique qui prépare insensiblement l'avènement des idées nouvelles.

Le Grand Orient de France

De 1736 à 1755, les loges de France ne sont fédérées que par une allégeance peu contraignante au «Grand Maître des Loges du Royaume», protecteur prestigieux et lointain qui leur laisse une totale liberté. Entre 1755 et 1766, les Vénérables des loges de la capitale, réunis en une «Grande Loge des Maîtres de l'Orient de Paris dite de France », vont essayer d'établir leur autorité sur l'ensemble de la Maçonnerie française. Mais cette «Première Grande Loge de France» n'arrivera jamais à s'imposer. Elle sera déstabilisée de façon chronique par les querelles entre systèmes de hauts-grades rivaux qui essayent d'en prendre le contrôle et se met en sommeil en 1766.

1773 voit une nouvelle tentative pour doter la Maçonnerie française d'un centre commun et d'une autorité reconnue. Deux principes sont définis : l'élection des officiers et la représentation de toutes les loges. Sur cette base les représentants de toutes les loges – y compris et pour la première fois des loges de provinces – sont convoqués. Les travaux des 17 réunions plénières aboutissent à la formation du Grand Orient de France. Au nom du Grand Maître, le Duc de Chartres, et sous l'autorité réelle de l'Administrateur Général, le Duc de Montmorency-Luxembourg, le Grand Orient est géré par trois chambres où siègent les représentants élus des loges. Comme le précise une circulaire de 1788 : «*le fonctionnement du Grand Orient est essentiellement démocratique*». Les neuf dixièmes des loges françaises se rallient à la nouvelle structure.

La création du Grand Orient marque le retour aux leviers de commande de la Maçonnerie française de la noblesse libérale et de la bourgeoisie éclairée. Celles-ci joueront naturellement un rôle de premier plan dans les événements de 1789. On retrouve des Maçons dans tous les débats, et dans tous les camps, de la Révolution Française.

Ils sont cependant sur-représentés chez les Girondins. Au delà des itinéraires personnels, la sociabilité maçonnique et le fonctionnement des loges, basés sur la discussion et l'élection, ont certainement largement contribué – peut-être dans beaucoup de cas inconsciemment – à la diffusion des idées nouvelles. Dans les années qui précèdent la Révolution, des loges prestigieuses comme Les Neufs Sœurs, Les Amis Réunis ou La Candeur rassemblent des élites gagnées au «parti philosophique».

La Maçonnerie des Bonaparte

Entre 1800 et 1815, la Maçonnerie fut à la fois favorisée et étroitement contrôlée. La bourgeoisie voyait en Napoléon un rempart contre le retour de l'Ancien Régime et les dérives de la Révolution. Les élites bourgeoises qui accèdent au pouvoir grâce à la Révolution et à l'Empire ont souvent maçonné sous l'Ancien Régime. Elles restent en général fidèles à l'Ordre. Sur les 25 maréchaux d'Empire 17 sont Francs-Maçons, dont Bernadotte, Brune, Kellerman, Lannes, Mac Donald, Masséna, Mortier, Murat, Ney, Oudinot. Le Grand Maître est Joseph Bonaparte, le frère de l'Empereur, et les loges sont effectivement gouvernées par Cambacérès.

Le Grand Orient connaît alors un grand développement dans les 139 départements que compta la France impériale à son apogée. La Maçonnerie est cependant un des rares endroits où les opposants – modérés – à l'Empire furent tolérés. Ainsi les « Idéologues », Cabanis, Destutt de Tracy, Garat, qui avaient essayé d'établir sous le Directoire une République « à l'américaine », purent continuer à maçonner. Par ailleurs, dans toute l'Europe napoléonienne, la Maçonnerie impériale fut l'outil de diffusion de la philosophie des Lumières, à laquelle étaient massivement restés fidèles les cadres de l'Empire. Les principes philosophiques et religieux de la Révolution restent à l'honneur… seules les questions politiques sont totalement proscrites ! Jérôme Bonaparte, roi de Westphalie ou Murat, roi de Naples sont aussi Grands-Maîtres en leur royaume.

L'Empire a été une période faste pour les rites et les décors maçonniques. Le Rite Français reste largement majoritaire, le Rite Ecossais Ancien et Accepté s'implante et est promis à un bel avenir mais on pratique aussi les Rites Ecossais Philosophique, d'Heredom de Kilwinning, de Perfection ou des Ecossais Primitifs... Les tabliers deviennent somptueux et de prestigieux graveurs comme le frère Coquardon frappent de superbes jetons de présence de loge.

A la suite de l'expédition du Caire, la Maçonnerie verse dans une intense égyptomanie. Dans «La Franc-maçonnerie rendue à sa véritable origine », Alexandre Lenoir explique les sept grades du Rite Français à la lumière des mystères de Memphis, sanctuaire de l'« initiation éternelle» et en 1813 apparaît le Rite de Misraïm ou d'Egypte.

Les idées républicaines

Comment l'institution politiquement conformiste qu'était la Maçonnerie sous le Premier Empire devient, en quelques décennies, l'une des principales caisses de résonance des idées nouvelles ? Sous la Restauration, les loges d'orientation explicitement progressiste et politique sont de rares exceptions. Mais les groupes d'opposition comme la Charbonnerie leur sont très liés. Par ailleurs, même la majorité des ateliers maçonniques, en professant et en mettant en œuvre une sociabilité libérale où étaient invoquées la vertu et la fraternité humaine ont rempli, probablement inconsciemment pour la plupart d'entre eux, le rôle de conservatoires des principes de 1789.

En 1830, de très nombreux maçons sont impliqués dans les Trois Glorieuses et le Parti du Mouvement, dont le Frère Lafayette est la figure emblématique, apparaît largement maçonnisé. L'échec politique des libéraux de progrès à partir de 1834 accentuera le brassage des idées nouvelles dans les loges. En 1836 « Les Elus de

Sully », à Brest, demande, sans succès, au Grand Orient de changer leur titre en «Les Disciples de Fourier» . A Paris, « La Clémente Amitié » organise des cours de Fouriérisme. L'intérêt pour les questions politiques et sociales n'est plus l'exception. 1848 verra l'émergence de la première génération de loges engagées. Le gouvernement de la Seconde République compte de nombreux maçons dont Flocon, Crémieux, Garnier-Pagès, Pagnerre, Carnot et Shoelcher qui fait aboutir son généreux combat pour l'abolition de l'esclavage.

L'échec des démocrates-socialistes à partir de 1849 porte un coup très dur à des dizaines de loges du Grand Orient. Le préfet conservateur de l'Yonne se plaint que la loge « Le Phénix » « initie aux funestes doctrines du socialisme». Le Vénérable de « L'Unanimité » est l'un des « meneurs du parti révolutionnaire ». L'engagement de nombreuses loges en faveur d'une République sociale mit en difficulté l'administration du Grand Orient lors du retour au pouvoir du parti conservateur.

La Maçonnerie était en ligne de mire. La diplomatie du frère Perier, secrétaire de l'obédience, réussit à limiter la répression à la fermeture définitive de 5 ou 6 ateliers au plus, les plus engagés, et à la suspension provisoire de quelques dizaines de loges. Les « Démoc-Soc» quarante-huitards réfugiés à Londres constituent des loges d'opposants à Napoléon III.

Le Second Empire

Pour survivre à la proclamation de l'Empire Autoritaire et prévenir toute interdiction de la Maçonnerie après le Coup d'état du 2 décembre, le Grand Orient dut donner des gages. Il porta donc à sa présidence Lucien Murat, un proche de Napoléon III qui n'était pas des plus éclairés. Il tenta de constituer une maçonnerie « officielle » limitée à l'exercice du rituel, à la bienfaisance et à l'étude de la morale. On doit néanmoins mettre à son actif l'achat de l'ancien hôtel du Maréchal de Richelieu, qui est aujourd'hui encore le siège du

Grand Orient de France. Cette tentative de reprise en main autoritaire du Grand Orient créa de multiples oppositions, au point que le Grand Maître Murat fut obligé de se retirer en 1861.

Troisième République

Le 4 septembre 1870, la République est proclamée et un «gouvernement de Défense nationale» formé – sur douze membres, il comprend neuf francs-maçons du Grand Orient de France et de la Grande Loge de France.

Menant son récit tambour battant depuis la chute du Second Empire et la naissance de la République jusqu'aux dernières élections présidentielles de mai 2012, l'auteur rappelle que « l'action principale du Grand Orient de France consistait à consolider le régime républicain qu'il considérait comme son œuvre » - c'est ce que l'un de ses dirigeants avait proclamé lors du convent de l'obédience en 1887 : « Ce sont les maçons, ce sont les loges qui ont fait la République ».

Pour l'historien qui s'appuie sur une riche documentation, le doute n'est pas de mise : « Il appert nettement que, tout en se défendant de faire de la politique, les francs-maçons de la IIIe République étaient en réalité totalement engagés dans la politique, allant même à s'identifier comme les gardiens de la République, en plus clair : les gardiens du régime en place ».

La consolidation de la IIIe République dans les années 1880 marque donc le retour de la Maçonnerie dans l'espace social où se fait l'Histoire. Il va s'accompagner d'un profond renouvellement de l'institution. Le courant progressiste lancé en 1860 par Massol – le prophète de la «Morale indépendante» – prend le pouvoir au Grand Orient en 1880. A la même époque les loges bleues du Suprême Conseil s'émancipent pour finalement créer la Grande Loge de France. Les jeunes cadres de la nouvelle République, marqués par le positivisme, vont aussi vouloir réformer la Maçonnerie pour en faire un outil au service du progrès de l'humanité.

Ainsi – héritage croisé du déisme des Lumières et du spiritualisme de 1848 – la Constitution du Grand Orient précisait que la Franc-maçonnerie avait pour principes « l'existence de Dieu et l'immortalité de l'âme ». Cette obligation de nature religieuse n'était plus respectée dans les faits à une époque où les élites intellectuelles étaient profondément marquées par l'agnosticisme philosophique d'Auguste Comte. En 1877, le Convent du Grand Orient de France abolit donc cette obligation. Ainsi, est née la Maçonnerie libérale – ou adogmatique – qui, considérant que l'engagement maçonnique n'est pas d'essence religieuse, laisse à ses membres la liberté de croire ou de ne pas croire. Cette décision fait aujourd'hui encore l'originalité du Grand Orient en le mettant à l'avant-garde, selon les uns, ou hors la loi, selon les autres, de la Franc-maçonnerie universelle.

L'école laïque

Dès le début de la Troisième République, les adversaires des francs-maçons, et particulièrement le clergé catholique et les monarchistes, ont très violemment attaqué la franc-maçonnerie en lui prêtant une influence essentielle dans l'instauration de la laïcité à l'école primaire: Pour attaquer les catholiques, pour déchristianiser la France, Jules Ferry devait s'appuyer sur trois forces hostiles aux catholiques : les juifs, les libres penseurs et surtout les francs-maçons ; et les juifs, les libres penseurs et les francs-maçons ont domestiqué la République.

Quel a été, dans la réalité, le rôle des loges et des organes dirigeants de la franc-maçonnerie dans la préparation de la loi de 1882? Il faut se rendre compte de la manière dont les francs-maçons ont abordé la laïcité dans les discussions organisées dans les loges et dans la presse maçonnique avant 1879 et, d'autre part, en observant l'attitude des parlementaires francs-maçons lors de la discussion au Sénat et à la Chambre des députés de la loi de 1880-1882 sur la scolarité obligatoire et la laïcité.

La franc-maçonnerie de l'époque est essentiellement représentée par les loges du Grand Orient de France. À la fin du Second Empire et au début de la Troisième République, le Grand Orient de France a connu de profonds bouleversements. Ses effectifs ont cru de façon importante, puisque l'Obédience passe de 8 500 membres au milieu du Second Empire à 18 000 membres dans les années 1880. C'est pendant cette période que l'Ordre s'est laïcisé, une première fois mais timidement en 1865, puis définitivement en 1877.

La plupart des loges sont fréquentées par les représentants de la petite et moyenne bourgeoisie. Les commerçants, les négociants, les marchands de vin, les petits propriétaires ou rentiers, les artisans, les employés, forment l'essentiel des recrues de cette période. On trouve aussi une minorité agissante et de plus en plus influente de médecins, d'avocats, de journalistes, d'ingénieurs, de pharmaciens, d'architectes, d'hommes d'affaires et de fonctionnaires, qui composent progressivement les cadres dirigeants de l'Ordre. Au total, aux côtés de notables et de petits artisans (les milieux populaires sont davantage représentés dans les loges parisiennes qu'en province), les loges accueillent en nombre croissant ceux que Gambetta a appelés, dans son discours de Grenoble de 1872, les «couches nouvelles.»

Contrairement à une idée reçue, on ne trouve pratiquement pas d'enseignants dans les loges à l'époque. Il est extrêmement rare, en effet, de voir figurer des instituteurs dans les listes de francs-maçons. Citons par exemple le cas de la loge parisienne qui initie Jules Ferry en 1875, La Clémente Amitié, qui compte 115 membres en 1869 mais seulement deux instituteurs.

La présence plus importante des enseignants est pourtant souhaitée, si l'on en croit les vœux émis, sans succès d'ailleurs, par certaines loges à l'occasion des Convents pour que l'on consente un tarif réduit aux instituteurs pour le paiement de la capitation, trop chère pour eux. On peut citer un vœu significatif émis en 1869 par plusieurs loges de Valence, de Marseille et d'Aubenas et repoussé par le Convent de 1870 : « *Considérant qu'il importe de faciliter la propagande des principes maçonniques parmi ceux qui sont chargés de l'instruction de l'enfance, les soussignés émettent le vœu qu'il soit permis aux loges de l'Obédience d'initier les instituteurs ruraux à prix réduit* ».

On doit relever cependant que les loges recrutent une partie de leurs adhérents dans le milieu des petits artisans, c'est-à-dire dans une partie de la population qui devait également éprouver des difficultés financières. Le coût de la capitation n'est donc pas la seule raison qui explique l'absence des instituteurs. Très dépendants des autorités locales que sont les maires, les ecclésiastiques ou les préfets, les enseignants ont été également rendus prudents par des événements récents, comme la destitution de centaines d'instituteurs après la révolution de 1848. Ils ne se rapprocheront de la franc-maçonnerie qu'au moment de l'installation définitive de la République, après 1880, et ne participeront donc pas aux premiers débats sur la laïcité au sein des loges.

Quant aux hommes politiques, ils intéressent évidemment beaucoup les francs-maçons car ils voient en eux des relais en mesure de faire progresser leurs idées. À partir de 1861, l'attitude relativement bienveillante de l'Empire libéral et la montée de l'anticléricalisme permettent aux loges d'attirer à elles des élus, notamment des opposants au régime, qui joueront un rôle déterminant par la suite. Une figure exemplaire est celle d'Eugène Pelletan, protestant et républicain. Parmi les hommes politiques qui entrent dans la franc-maçonnerie sous le Second Empire, on peut encore citer Léon Gambetta, initié à Marseille en mai 1869, et Jules Simon, initié le 3 juillet 1870 à Boulogne-sur-Seine, dans la loge Le Réveil maçonnique.

Les loges maçonniques du Second Empire sont donc globalement représentatives d'une bourgeoisie éclairée, connaissant l'importance d'une instruction solide. Beaucoup, parmi les nouveaux initiés, doivent à l'école leur ascension sociale. Encore déistes dans leur majorité, mais fondamentalement anticléricales, les loges sont progressivement investies par des libres penseurs athées.

La laïcisation du Grand Orient de France, en 1877, est très largement l'aboutissement de l'influence exercée par ces nouveaux membres, adeptes du rationalisme philosophique et du positivisme. Ces nouveaux initiés libres penseurs sont des francs-maçons d'un nouveau style qui vont bouleverser un rapport de forces établi jusqu'alors en faveur des seuls spiritualistes. De façon générale, les francs-maçons cultivés et en mesure de faire avancer la réflexion sont assez peu nombreux dans les loges. Ces francs-maçons s'inspirent des Lumières et ont lu Condorcet. Ils lisent les traductions récentes de Kant et vulgarisent, en s'appuyant sur Barni et Renouvier, le néo-kantisme.

La pensée maçonnique peut donc évoluer dans le temps au gré de ses recrutements successifs. D'autre part, il peut y avoir un décalage entre le discours des dirigeants et celui des loges. La franc-maçonnerie est en fait une institution plastique, dotée d'une réelle souplesse et d'une impressionnante capacité d'adaptation aux circonstances, qui varie dans le temps ainsi que dans l'espace. Par ailleurs, il peut exister de grandes différences d'orientation idéologique entre francs-maçons et entre loges selon l'origine géographique, notamment entre les loges parisiennes nettement républicaines et certaines loges de province aux options moins définies. À la diversité philosophique et politique signalée précédemment, il faut donc ajouter cette distorsion spatiale.

En fait, il n'existe pas de pensée maçonnique homogène, pas plus qu'il n'existe d'ailleurs de pensée républicaine homogène sous le Second Empire et au début de la Troisième République. Pour cette raison, et au-delà d'une unité forgée contre le cléricalisme et contre le risque de retour des révolutions, l'accord entre francs-maçons est donc difficile à réaliser au moment où s'effectuent des choix majeurs, sur la laïcité tout particulièrement.

La période qui précède immédiatement le vote des lois scolaires est celle qui voit la disparition de la référence à Dieu dans les statuts du Grand Orient de France. Signe d'un changement du rapport des forces sur ce sujet, un premier succès est venu en 1865, avec l'introduction dans les statuts de la possibilité d'initier des non-croyants. Mais la Constitution du Grand Orient était toujours placée sous les auspices du «Grand Architecte de l'Univers» et comportait, dans son article 1er, la reconnaissance de «l'existence de Dieu et l'immortalité de l'âme ».

À deux reprises, en 1867 et 1875, les libres penseurs qui entrent nombreux dans les loges à ce moment avaient tenté de faire supprimer l'invocation au G.A.D.L.U. Eugène Pelletan pourra d'ailleurs déclarer au Convent de 1867 que cette question «est la seule qui divise» la franc-maçonnerie. Le travail de sape effectué par les libres penseurs, au premier rang desquels on trouve Alexandre Massol et un ancien pasteur protestant, Frédéric Desmons, aboutira au Convent de 1877.

L'Assemblée générale du Grand Orient décide de l'abandon de la référence au «Grand Architecte de l'Univers». Les loges représentées au Convent considèrent alors, à 135 contre 76, que la franc-maçonnerie n'est pas une religion; qu'elle n'a point par conséquent à affirmer dans sa Constitution des doctrines ou des dogmes. Il faut néanmoins prêter attention au fait que plus de 35 % des loges s'opposent à la mutation, ce qui représente encore, au moment où les républicains sont à la veille de prendre le pouvoir, une forte minorité spiritualiste au sein de l'Obédience.

Ce que les sources montrent, c'est que le débat est vif au sein des loges et des instances dirigeantes de la franc-maçonnerie sur la place de Dieu dans la vie des hommes, et tout particulièrement dans l'instruction des enfants. La lecture des journaux maçonniques est, de ce point de vue, très éclairante. Si l'on suit, par exemple, Le Journal des initiés dirigé par un spiritualiste, Riche-Gardon, on voit que certains francs-maçons eux-mêmes distinguent parmi les adhérents des loges «des positivistes absolus» ou athées, des «déistes» et des « théistes ».

Le théisme, selon Riche-Gardon, «se distingue d'un certain déisme en ce qu'il explique Dieu par la science», et non par le surnaturel. Le journal utilise d'ailleurs aussi la formule de «théisme rationaliste» pour désigner la philosophie qui a sa préférence. Adeptes d'une religion naturelle, de l'idée de progrès et convaincus du pouvoir de la science, ces francs-maçons dits théistes partagent avec les déistes (la majorité des intellectuels francs-maçons est encore déiste) le refus des dogmes qu'ils estiment relever de la superstition. En cela, ils s'opposent à la religion catholique et sont anticléricaux.

À ce premier clivage, plutôt ténu, entre spiritualistes théistes et déistes, s'ajoute une séparation évidemment plus radicale entre croyants et athées. Le Journal des initiés est en effet représentatif d'une partie, encore majoritaire vers 1865, des francs-maçons qui n'imaginent pas un instant qu'on puisse être franc-maçon et athée. La place des francs-maçons, dit Riche-Gardon, «est acquise entre les surnaturalistes et les positivistes absolus». Les francs-maçons spiritualistes vont défendre pied à pied l'idée d'une maçonnerie spiritualiste et seront, par conséquent, opposés à une école publique ne faisant plus référence à Dieu.

Les hésitations de Jean Macé, spiritualiste lui aussi, quand il s'est agi de dire si la Ligue de l'enseignement rejoindrait les partisans de l'école laïque, peuvent en grande partie s'expliquer de cette façon. Même s'ils sont anti-cléricaux, il paraît impossible aux spiritualistes d'imaginer une éducation qui ne s'appuierait pas sur une philosophie religieuse.

Ils s'opposent, par exemple, à toute tentative d'introduction à l'école d'une morale qui ne serait pas fondée sur les principes de la religion naturelle, parce que cette morale serait, alors, «une morale indépendante», et donc une morale inconcevable. Ils pressentent que «la morale indépendante sera désormais la grande morale», tout en continuant à penser que «la seule morale, c'est la morale universelle ».

Les francs-maçons du début des années 1860 sont donc actifs dans le combat contre le «cléricalisme scolaire» et contre ce qu'ils appellent les ténèbres et l'oppression. En effet, les ateliers maçonniques vont, dès lors, multiplier les attaques contre «les Congrégations religieuses qui ne cessent de croître et de multiplier».

Les francs-maçons, qu'ils soient spiritualistes ou athées, se rejoignent ainsi pour réclamer la laïcisation des enseignants. Dans un article ayant pour titre « Protection à l'enseignement laïque », le très spiritualiste Journal des initiés, se plaint de l'impuissance des «pouvoirs laïques» à contrôler les «pouvoirs cléricaux», et demande à ses lecteurs de venir en aide à l'institution laïque et de signaler «les effets subversifs de tout genre qui sont la conséquence de l'éducation et de l'instruction données dans les établissements cléricaux ».

L'opposition au clergé trouve une nouvelle vigueur avec la violente querelle suscitée par la publication du Syllabus du Pape Pie IX, en décembre 1864. Ce texte est une charge violente contre les libres penseurs et contre les francs-maçons que le Pape appelle «la secte». Le Syllabus entraîne une véritable mobilisation du camp laïque.

L'attaque du Pape a entraîné l'adhésion à la franc-maçonnerie d'un nombre important d'anticléricaux et de libres penseurs qui n'auront de cesse de travailler à la séparation de l'Église et de l'École. On peut citer, à l'appui de cette affirmation et parmi d'autres faits, l'ouverture significative de la loge La Libre-pensée d'Aurillac, en

1865, qui est l'occasion d'un discours sans ambiguïté, reproduit, pour que le message soit clair, dans l'organe officiel de l'Ordre : «De nouvelles loges se fondent, celles qui s'étaient endormies se réveillent, les préjugés se dissipent comme de légers nuages [... la franc-maçonnerie] pousse de vigoureux rameaux qui sauront s'unir et s'entrelacer pour la défendre vaillamment contre les empiétements de l'intolérance, du fanatisme, de l'ignorance et de l'hypocrisie».

Le Grand Orient et ses loges utilisent alors les attaques maladroites de l'Église pour mettre en valeur leurs propres actions. On peut même aller jusqu'à dire que les attaques cléricales qui les visent renforcent l'ardeur des francs-maçons dans leur opposition à l'Église, à laquelle ils renvoient d'ailleurs le reproche de pouvoir occulte en direction des mères, des femmes et des filles.

Une morale indépendante

Mais le projet d'un nombre grandissant de francs-maçons est également de promouvoir une «morale indépendante» de la religion. Or, pour beaucoup de contemporains, l'idée d'une morale non confessionnelle dépourvue de fondement est impensable. Ou la morale est religieuse, et elle n'a pas à rendre compte de la légitimité de ses principes, ou elle ne l'est pas et se pose alors la question de son fondement, c'est-à-dire de la justification intime de ses prescriptions. Autrement dit la question se pose de savoir s'il y a une alternative à la morale religieuse.

La question de la morale indépendante va beaucoup occuper les francs-maçons à la fin du Second Empire. Alexandre Massol est, sans conteste, le plus actif sur le sujet. Il faudrait pouvoir s'attarder davantage sur ce personnage, aujourd'hui largement oublié. Massol a eu une influence considérable, les documents de l'époque le montrent, non seulement au sein de la franc-maçonnerie mais, plus largement, parmi les libres penseurs et les républicains. C'est, en fait, un des rares intellectuels à la fois francs-maçons et républicains à avoir un réel rayonnement sous le Second Empire.

Chez les francs-maçons, le souci d'une morale indépendante des religions apparaît certes déjà sous la Restauration, mais il n'en reste pas moins que Massol est, à ce moment du Second Empire, le meilleur théoricien franc-maçon de la morale indépendante et son propagateur infatigable. Il édite à partir de 1865 une revue qui prend d'ailleurs pour nom La Morale indépendante. Massol et ses amis sont soutenus par Le Monde maçonnique qui leur ouvre largement ses colonnes. Pour ce journal, dirigé par François Favre et pour les libres penseurs, la réponse, dès 1865, ne fait pas de doute : l'enseignement de la morale ne doit pas être seulement indépendant des prêtres mais aussi de la religion.

Grâce à sa revue, Massol va, pendant une dizaine d'années, faire œuvre de vulgarisateur des principes de la morale indépendante avec une énergie peu commune et avec un talent certain. On va le voir effectuer de nombreuses conférences au sein de sa loge bien sûr, mais aussi un peu partout en France. Il répond à bon nombre d'invitations d'autres ateliers qui lui demandent des interventions. Et, quand il ne peut se déplacer, ce sont ses articles que l'on commente. On trouve ainsi de multiples traces de cette action militante dans les archives des loges. À Tours, le Vénérable de la loge Les Démophiles lit en séance, le 17 septembre 1866, «un article de la morale indépendante signé Massol», et le 21 janvier 1867 «un article philosophique du frère Massol».

Les discussions provoquées au sein des loges par Massol et les tenants de la morale indépendante sont très suivies par la presse maçonnique, le Bulletin du Grand Orient de France étant plus discret sur ce sujet. La prudente réserve, et même parfois la franche hostilité, de l'organe officiel de l'Ordre s'explique certainement par le souci des dirigeants de ne pas donner encore davantage de relief aux très vives polémiques qui voient le jour, à propos de la morale indépendante, entre les francs-maçons déistes et les tenants de la laïcisation de la morale. Alexandre Massol est ainsi violemment pris à partie par Riche-Gardon dans Le Journal des initiés, en tant que «négateur de la religion universelle». Riche-Gardon engage même une campagne de presse accusant Massol de n'avoir jamais été initié!

Le Monde maçonnique ouvre au contraire ses colonnes aux tenants de la morale indépendante qui peuvent de cette façon promouvoir l'idée qu'ils se font d'une morale sans Dieu. Malgré toute l'énergie déployée, Massol et ses amis sont encore minoritaires en 1870 au sein du Grand Orient. Au Convent de 1870, il est candidat aux élections pour la Grande Maîtrise et n'obtient que 10 voix sur 292 votants.

Mais il reste à définir ce que sera concrètement cette morale découplée de la religion. On sait que la principale argumentation du clergé catholique de l'époque est qu'il n'est pas possible de concevoir une autre morale. Ce serait même prendre de gros risques pour la société que de se priver de la menace d'un châtiment divin. Ces objections sont évidemment connues des massoliens. Le débat qui se poursuit au sein de la loge La Rose du parfait silence l'atteste et permet de fixer un cadre, très inspiré du kantisme, au nouvel enseignement de la morale : « Nous enseignerons les droits et les devoirs de l'enfant et du citoyen, au nom de la liberté, de la conscience et j'ajoute de la raison, triple apanage de l'homme sur la terre, et encore au nom de la solidarité. Et nous croyons fermement que ceux qui ne céderaient point à ces autorités suprêmes, ne céderaient pas davantage à la menace des gendarmes du ciel... ».

Tel qu'il apparaît ici, le projet des francs-maçons, comme celui que les républicains mettront en œuvre après 1879, est finalement moins de fonder une « morale de substitution à la morale religieuse, mais d'établir les principes d'une morale pour tous, croyants et non croyants». Pour mener à bien ce projet, les francs-maçons de La Rose du parfait silence ne voient qu'une issue : il faut «une institution laïque de cet enseignement de la morale ».

Progressivement, l'idée que les programmes d'enseignement doivent être laïcisés gagne du terrain au sein du Grand Orient de France, à mesure d'ailleurs que les déistes quittent l'Obédience. Mais cela suscite encore bien des réticences. On peut ainsi lire dans La Chaîne d'Union, sous la plume de son directeur, Esprit-Eugène Hubert, un proche de Jules Simon : « L'enseignement laïque, c'est l'État enseignant. Ce n'est point dire que l'idée de Dieu doive être écartée de cet enseignement, car il n'y a pas d'enseignement sans des leçons de morale ; or, il n'y a pas de morale qui puisse se tenir sur ses jambes sans l'aide de la proclamation et de la reconnaissance d'un principe immatériel supérieur.

Toute morale ou toute prétendue morale qui veut venir de la terre et mourir sur la terre est un leurre ou quelque chose de plus terrible dont ce siècle a donné des exemples si néfastes et si lamentables : la force prime le droit ». C'est exactement cette position que défendra Jules Simon en 1879, contre Jules Ferry. C'est aussi pour cela que, quelques années plus tôt, Jules Simon alors ministre de Thiers fit rétablir le catéchisme dans les écoles de Paris et « fit prendre des sanctions contre les instituteurs de Lyon qui ne l'enseignaient plus ».

Les Femmes

A partir du moment où la Maçonnerie se voulait le fer de lance de l'émancipation de l'Humanité, il était de plus en plus difficile d'exclure la moitié de celle-ci de l'initiation maçonnique. Tant à la Grande Loge qu'au Grand Orient, les débats sur l'entrée des femmes en Franc-maçonnerie vont se multiplier entre 1880 et 1920. Deux solutions apparaissent. En 1893 se crée une obédience accueillant hommes et femmes sur un pied d'égalité : l'« Ordre Maçonnique Mixte International Le Droit Humain ». En 1901, la Grande Loge de France refonde les loges d'adoption ne réunissant que des sœurs. Ces loges d'adoption prendront leur indépendance et constitueront par la suite la Grande Loge Féminine de France. A côté du « Droit Humain » se sont formées d'autres obédiences mixtes comme la G.L.M.U. ou la G.L.M.F.

Les lendemains de la «Guerre de 14» sont une période de doutes et d'interrogations pour la conscience européenne. Le progrès, la science, la démocratie n'ont pas empêché l'horreur des tranchées qui a englouti sauvagement toute une partie de la jeunesse. Les maçons n'échappent pas à cette ambiance de remise en question. D'autant que si la République, fermement installée au prix de combats et de sacrifices, a apporté beaucoup – libertés publiques, enseignement, début de protection sociale – l'usure du pouvoir commence aussi à se faire sentir. Le « Cartel des Gauches » sera le dernier grand combat politique dans lequel les loges s'engageront directement.

De ces interrogations, la personnalité d'Arthur Groussier est emblématique. Issu de la politique militante – parlementaire socialiste, il est le créateur du Code du Travail – il invite les maçons à se pencher sur leur histoire et à revisiter leur patrimoine symbolique. Oswald Wirth et sa revue « Le Symbolisme », Edmond Gloton et « La Chaîne d'Union », témoignent du retour d'un intérêt pour les questions spécifiquement maçonniques. Dans cette perspective, le Grand Orient réveille le Régime Ecossais Rectifié. Toujours soucieuse de la place de l'homme dans la cité, la démarche maçonnique se veut cependant plus philosophique que directement politique. Ce recentrage s'accompagne d'une active politique internationale. Grâce à l' «Association Maçonnique Internationale», la maçonnerie française établit des relations d'amitié avec la plupart des grandes obédiences européennes.

Anti-maçonisme

Si l'anti-maçonisme est contemporain de l'apparition des loges au XVIIIème siècle, il connaît une véritable flambée à partir de 1870. Rome et les prélats français voient dans la maçonnerie «La

Synagogue de Satan » et – professant aussi un antisémitisme virulent – ils dénoncent le « complot judéo-maçonnique ». De la Révolution Française à l'avènement de la IIIe République, les loges sont accusées d'avoir été le fer de lance de l'humanisme et du modernisme. Dès que l'extrême-droite prend le pouvoir – en Italie, en Allemagne et en France à l'occasion de l'occupation nazie – les loges sont interdites et les maçons pourchassés. Le régime collaborateur de Vichy édictera des lois antimaçonniques, pillera les temples ; de nombreux frères mourront en camps de concentration. La Franc-maçonnerie sera l'une des composantes importantes de la Résistance.

L'Eglise

La franc-maçonnerie est toujours condamnée par l'Eglise, dont plusieurs papes (Clément XII en 1738, Pie VII en 1821, Léon XIII en 1884, Saint-Pie X etc.) ont condamné publiquement les « sectes de perdition » maçonniques (Pie VI, 1775), que Pie IX qualifiait en 1854 d' « enfants du diable [et de] synagogue de Satan ». Léon XIII, dans son encyclique Humanum Genus (20/4/1884) ira plus loin en affirmant que « le christianisme et la franc-maçonnerie sont essentiellement inconciliables, si bien que s'agréger à l'une, c'est divorcer de l'autre ».

Aujourd'hui, le Vatican ne se remet toujours pas de la perte d'influence qu'il a subi à partir du milieu du XIX° siècle, puis avec La Commune de 1871 et surtout depuis la loi de 1905. Et si elle a fini par l'accepter, c'est au prix d'une lutte qui se poursuit dans l'espoir d'affaiblir toutes ses conséquences, particulièrement dans les domaines de l'école et des moeurs.

Dans l'opposition entre Rome et la Franc-Maçonnerie, il convient de ne pas inverser les rôles. A partir du pontificat de Clément XII, et particulièrement depuis 1738, le Vatican ostracise les francs-maçons avec une grande virulence, en mettant en oeuvre des interdits qui en disent long sur la manière dont il considère la liberté de conscience.

Et malgré quelques (rares) tentatives d'inflexion au cours des deux derniers siècles, ces interdits subsistent toujours, 278 ans après .

Il ne faudra pas attendre longtemps pour que le Vatican réagisse. Le pape Clément XII condamne sans nuance la franc-maçonnerie qui commence à se répandre sur le vieux continent à partir de 1728. Le 28 avril 1738, dans la bulle In eminenti apostolatus specula, le pape Clément XII condamne :

"ces dites sociétés, assemblées, réunions, agrégations ou conventicules appelés de Francs-Maçons, ou connus sous toute autre dénomination et défend en vertu de la sainte obéissance, à tous et à chacun des fidèles de Jésus-Christ, de quelque état, grade, condition, rang, dignité et prééminence qu'ils soient, laïques ou clercs, séculiers ou réguliers, méritant même une mention particulière, d'oser ou de présumer, sous quelque prétexte, sous quelque couleur que ce soit, d'entrer dans lesdites sociétés de Francs-Maçons ou autrement appelées, ou de les propager, les entretenir, les recevoir chez soi ;

ou de leur donner asile ailleurs et les cacher, y être inscrits, agrégés, y assister ou leur donner le pouvoir et les moyens de s'assembler, leur fournir quelque chose, leur donner conseil, secours ou faveur ouvertement ou secrètement, directement ou indirectement, par soi ou par d'autres, de quelque manière que ce soit, comme aussi d'exhorter les autres, les provoquer, les engager à se faire inscrire à ces sortes de sociétés, à s'en faire membres, à y assister, à les aider et entretenir de quelque manière que ce soit, ou leur conseiller : et Nous leur ordonnons absolument de s'abstenir tout à fait de ces sociétés, assemblées, réunions, agrégations ou conventicules, et cela sous peine d'excommunication à encourir par tous, comme dessus, contrevenants, par le fait et sans autre déclaration..."

"La rumeur publique Nous a appris que certaines sociétés appelées communément Libres ou Massons se développent de jour en jour. Des hommes, sous le couvert d'une sorte d'honnêteté naturelle, s'associent par un pacte aussi strict qu'impraticable, selon des lois et des statuts, qu'ils ont eux-mêmes élaborés ; en même temps, ils agissent en secret et soit sous serment juré sur la Sainte Bible, soit sous la menace de graves sanctions 72, ils s'astreignent à couvrir leurs actions par un silence inviolable. Mais la nature même de ce crime est telle qu'elle se trahit elle-même... S'ils ne faisaient rien de mal, ils n'auraient certainement pas une si grande haine de la lumière".

La bulle ne sera pas appliquée en France car le Parlement refuse de l'enregistrer. Néanmoins, elle constitue aujourd'hui encore le droit canonique applicable en matière de franc-maçonnerie.

Le 18 mai 1751, la bulle Providas Romanorum Pontificium de Benoît XIV confirme la bulle In eminenti de Clément XII qui condamne la Franc-maçonnerie. En fait, l'Église catholique reproche à la franc-maçonnerie d'usurper ses propres prérogatives par des principes spirituels et un caractère religieux, raison pour laquelle certains pays catholiques n'ont jamais autorisé la franc-maçonnerie. En France, en revanche, puisque les différentes bulles pontificales ne sont pas enregistrées par les parlements, l'ordre s'épanouira à la suite du courant athée de la Révolution française.

Le 25 décembre 1775, la bulle Inscrutabili divinae sapientiae du pape Pie VI condamne les nouvelles idées, notamment l'irréligion, l'impiété et l'athéisme, sans nommer la franc-maçonnerie, et rappelle le pouvoir et la primauté absolus du pape.

Le 13 mars 1826, la lettre apostolique Quo graviora du pape Léon XII condamne la société des francs-maçons et les autres sociétés secrètes : "Si quelqu'un (ce qu'à Dieu ne plaise) était assez endurci pour ne pas abandonner ces sociétés dans le temps que Nous avons prescrit (1 an), il sera tenu de dénoncer ses complices, et il sera sous le poids des censures s'il revient à résipiscence après cette époque ; il ne pourra obtenir l'absolution qu'après avoir dénoncé ses complices, ou au moins juré de les dénoncer le plus tôt possible..."

En 1838, les évêques belges condamnent la franc-maçonnerie et interdisent aux catholiques d'y participer ; Léopold Ier (George Chrétien Frédéric Saxe Cobourg Gotha), qui aurait été initié à la Loge bernoise Zur Hoffnung 1813, juge cette initiative extrêmement dangereuse.

25 septembre 1865 : allocution consistoriale Multiplices inter de Pie IX condamnant la Franc-maçonnerie, "société perverse d'hommes (...), qui, contenue d'abord dans les ténèbres et l'obscurité, a fini par se faire jour ensuite, pour la ruine commune de la religion et de la Société humaine".

26 octobre 1865 : le pape reproche à Mgr Darboy d'avoir donné l'absoute au Maréchal Magnan, Grand Maître du Grand Orient, en présence d'insignes maçonniques posés sur cercueil.

 1873 : L'encyclique Et si multa de Pie IX condamne moins la maçonnerie que les carbonari et autres sociétés secrètes infiltrées dans les loges.

1877: Le convent du Grand Orient de France considère "les conceptions métaphysiques comme étant du domaine exclusif de l'appréciation individuelle de ses membres et se refuse à toute affirmation dogmatique".

Sur rapport du Frère Frédéric Desmons, il modifie l'article 1er de sa constitution imposant la croyance en Dieu et en l'immortalité de l'âme, le nouvel article étant ainsi rédigé : "La franc-maçonnerie, institution essentiellement philanthropique et progressive, a pour objet la recherche de la vérité, l'étude de la morale universelle, des sciences et des arts et l'exercice de la bienfaisance. Elle a pour principes la liberté absolue de conscience et la solidarité humaine.

Elle n'exclut personne pour ses croyances. Elle a pour devise : Liberté, Égalité, Fraternité".

L'invocation au Grand Architecte de l'Univers n'est plus obligatoire ainsi que la présence de la Bible sur l'autel. Chaque loge agit comme elle le souhaite. C'est le principe de la souveraineté des loges. Le Grand Orient de France est condamné par la Grande Loge de Londres qui l'exclut de l'ordre maçonnique.

Le 20 avril 1884, l'encyclique Humanum genus du pape Léon XIII reproche à la "secte des francs-maçons" son anticléricalisme militant, son adoption du positivisme et du rationalisme, et même son satanisme : "*Depuis que, par la jalousie du démon, le genre humain s'est misérablement séparé de Dieu auquel il était redevable de son appel à l'existence et des dons surnaturels, il s'est partagé en deux camps ennemis, lesquels ne cessent pas de combattre, l'un pour la vérité et la vertu, l'autre pour tout ce qui est contraire à la vertu et à la vérité. Le premier est le royaume de Dieu sur la terre, à savoir la véritable Église de Jésus Christ, dont les membres, s'ils veulent lui appartenir du fond du cœur et de manière à opérer le salut, doivent nécessairement servir Dieu et son Fils unique, de toute leur âme, de toute leur volonté.*

Le second est le royaume de Satan. Sous son empire et en sa puissance se trouvent tous ceux qui, suivant les funestes exemples de leur chef et de nos premiers parents, refusent d'obéir à la loi divine et multiplient leurs efforts, ici, pour se passer de Dieu, là pour agir directement contre Dieu (...) A notre époque, les fauteurs du mal paraissent s'être coalisés dans un immense effort, sous l'impulsion et avec l'aide d'une Société répandue en un grand nombre de lieux et fortement organisée, la Société des francs-maçons. Ceux-ci, en effet, ne prennent plus la peine de dissimuler leurs intentions et ils rivalisent d'audace entre eux contre l'auguste majesté de Dieu. C'est publiquement, à ciel ouvert, qu'ils entreprennent de ruiner la sainte Église, afin d'arriver, si c'était possible, à dépouiller complètement les nations chrétiennes des bienfaits dont elles sont redevables au Sauveur Jésus Christ (...)

Le but fondamental et l'esprit de la secte maçonnique avaient été mis en pleine lumière par la manifestation évidente de ses agissements, la connaissance de ses principes, l'exposition de ses règles, de ses rites et de leurs commentaires auxquels, plus d'une fois, s'étaient ajoutés les témoignages de ses propres adeptes. En présence de ces faits, il était tout simple que ce Siège apostolique dénonçât publiquement la secte des francs-maçons comme une association criminelle, non moins pernicieuse aux intérêts du christianisme qu'à ceux de la société civile.

Il édicta donc contre elle les peines les plus graves dont l'Église a coutume de frapper les coupables et interdit de s'y affilier (...) dans l'espace d'un siècle et demi, la secte des francs-maçons a fait d'incroyables progrès. Employant à la fois l'audace et la ruse, elle a envahi tous les rangs de la hiérarchie sociale et commence à prendre, au sein des États modernes, une puissance qui équivaut presque à la souveraineté. De cette rapide et formidable extension sont précisément résultés pour l'Église, pour l'autorité des princes, pour le salut public, les maux que Nos prédécesseurs avaient depuis longtemps prévus.

On est venu à ce point qu'il y a lieu de concevoir pour l'avenir les craintes les plus sérieuses ; non certes, en ce qui concerne l'Église, dont les solides fondements ne sauraient être ébranlés par les efforts des hommes, mais par rapport à la sécurité des états, au sein desquels sont devenues trop puissantes, ou cette secte de la franc-maçonnerie, ou d'autres associations similaires qui se font ses coopératrices et ses satellites(...) ce qui n'est ni moins horrible ni plus supportable, c'est de voir répudier les bienfaits miséricordieux acquis par Jésus Christ, d'abord aux individus, puis aux hommes groupés en familles et en nations : bienfaits qui, au témoignage des ennemis du christianisme, sont du plus haut prix. Certes, dans un plan si insensé *et si criminel, il est bien permis de reconnaître la haine implacable dont Satan est animé à l'égard de Jésus Christ et sa passion de vengeance (...) Demandons à la Vierge Marie, Mère de Dieu, de se faire notre auxiliaire et notre interprète. Victorieuse de Satan dès le premier instant de sa conception, qu'elle déploie sa puissance contre les sectes réprouvées qui font si évidemment revivre parmi nous l'esprit de révolte, l'incorrigible perfidie et la ruse du démon. Appelons à notre aide le prince des milices célestes, saint Michel, qui a précipité dans les enfers les anges révoltés ; puis saint Joseph, l'époux de la Très Sainte Vierge, le céleste et tutélaire patron de l'Église catholique et les grands apôtres saint Pierre et saint Paul, ces infatigables semeurs et ces champions invincibles de la foi catholique. Grâce à leur protection et à la persévérance de tous les fidèles dans la prière, Nous avons la confiance que Dieu daignera envoyer un secours opportun et miséricordieux au genre humain en proie à un si grand danger."*

En 1887 Charles Fauvety, du Grand Orient de France, publie La Religion laïque ; issu du protestantisme libéral, il recherche une harmonie entre la religion et la raison, ne conservant Dieu que dans un sens panthéiste et ne considérant l'immortalité de l'âme que comme une probabilité.

19 mars 1902 : Léon XIII condamne la franc-maçonnerie (lettre apostolique Annum ingressi).

1903 : Léon XIII écrit un exorcisme contre les ennemis de l'Église. Léon XIII est aussi le pape de l'encyclique "Rerum Novarum" (15 mai 1891) qui définit la doctrine sociale de l'église. Le syndicalisme chrétien se constituera sur cette base.

Le 27 mai 1915, le pape Benoît XV approuve le canon 2335 par lequel sont excommuniés latae sentenciae (par le fait même) ceux qui donnent leur adhésion à une secte maçonnique ou à des sociétés secrètes qui se livrent à des complots contre l'Église ou des pouvoirs civils légitimes.

Le 27 mai 1917, par la bulle Providentissima, Benoît XV promulgue le Codex Juris Canonici (nouveau code de droit canonique élaboré par Pie X et Pietro Gasparri, qui entre en vigueur le jour de la Pentecôte 1918 soit le 19 mai) appelé aujourd'hui Codex Iuris Senior. Selon le code de droit canonique : "2335. Ceux qui donnent leur nom à une secte maçonnique ou à d'autres associations du même genre qui complotent contre l'Eglise ou les pouvoirs civils légitimes, contractent par le fait même une excommunication simplement réservée au Siège apostolique."

Le 16 mai 1921, le président Alexandre Millerand (initié à la Loge L'Amitié) rétablit les relations diplomatiques avec le Vatican.

Des alliés "objectifs"

Il ne sera pas la seule organisation à proscrire la franc-maçonnerie. Dans un télégramme adressé aux partis désireux d'adhérer à la 3° Internationale, l'Internationale communiste en 1919, Zinoviev pose 21 conditions.

Il en existe une 22°, non écrite, qui proclame l'incompatibilité d'appartenance avec la franc-maçonnerie. Trotsky publiera un texte particulièrement violent contre la franc-maçonnerie dans les Cahiers communistes le 25 novembre 1922.

Du 5 novembre au 5 décembre 1922, se tient le 4e congrès de l'Internationale Communiste : dans une résolution séparée votée à l'unanimité du Congrès, la Troisième Internationale oblige les membres du parti communiste français à choisir entre le parti et la franc-maçonnerie ; un texte de Trotski en expliquant les raisons est publié dans les Cahiers communistes le 25 novembre ; Marcel Cachin et André Marty démissionnent de la franc-maçonnerie.

"Le Congrès charge le Comité Directeur du Parti Communiste français de liquider avant le 1er janvier 1923 toutes les liaisons du Parti, en la personne de certains de ses membres et de ses groupes, avec la franc-maçonnerie. Celui qui, avant le 1er janvier, n'aura pas déclaré ouvertement à son organisation et rendu publique par la presse du Parti sa rupture complète avec la franc-maçonnerie est, par là même, automatiquement exclu du Parti Communiste sans droit d'y jamais adhérer à nouveau, à quelque moment que ce soit.

La dissimulation par quiconque de son appartenance à la franc-maçonnerie sera considérée comme pénétration dans le Parti d'un agent de l'ennemi et flétrira l'individu en cause d'une tâche d'ignominie devant tout le prolétariat. Considérant que le seul fait d'appartenir à la franc-maçonnerie, qu'on ait poursuivi ou non, ce faisant, un but matériel, carriériste ou tout autre but flétrissant, témoigne d'un développement extrêmement insuffisant de la conscience communiste et de la dignité de classe, le 4e Congrès reconnaît indispensable que les camarades qui ont appartenu jusqu'à présent à la franc-maçonnerie et qui rompront maintenait avec elle soient privés durant deux ans du droit d'occuper des postes importants dans le Parti. Ce n'est que par un travail intense pour la cause de la révolution en qualité de simples militants, que ces camarades peuvent reconquérir la confiance complète et le droit d'occuper dans le Parti des postes importants."

Le 28 mars 1937, à Pâques, Pie XI (1922-1939) publie l'encyclique Nos es muy conocido (Il nous est bien connu) stigmatisant la persécution religieuse au Mexique depuis l'adoption de la constitution de 1917, jugée maçonnique par l'Église.

Occupation

Le 10 mai 1940, Winston Churchill (initié à la franc-maçonnerie à Studholme Lodge, à Londres en 1901) est nommé Premier Ministre en remplacement de Chamberlain ; il refuse de négocier une paix séparée avec Hitler. Le 20 juin, 27 parlementaires hostiles à Laval dont Daladier, Mendès-France (initié à la loge Union et Progrès de Pacy-sur-Eure) et Georges Mandel, embarquent au Verdon sur le Massilia, paquebot de ligne réquisitionné par le gouvernement Paul Reynaud, à destination de Casablanca (départ le 21).

Le 24 juin, à Casablanca, les passagers du paquebot Massilia sont consignés dans un hôtel dès leur arrivée. Les députés mobilisés comme officiers, Jean Zay (initié à la Loge Étienne Dolet d'Orléans), Mendès-France, Alex Wiltzer et Pierre Viénot, seront arrêtés pour "désertion devant l'ennemi", rapatriés en métropole et traduits devant le Tribunal militaire de Clermont-Ferrand. Édouard Daladier et Georges Mandel, accusés d'être responsables de la défaite, seront jugés au procès de Riom. Les autres parlementaires ont été autorisés à regagner la France le 18 juillet.

Le 10 juillet, Vincent Auriol (initié à la loge Les Cœurs Réunis à Toulouse), Alexandre Bachelet (initié à la loge L'Étoile Polaire de Batignolles), Camille Bedin (franc-maçon) et Paul Ramadier (initié à la loge La Parfaite Union à Rodez) font partie des 80 députés qui votent contre l'attribution des pleins pouvoirs à Philippe Pétain. Le 7 août, Arthur Groussier, président du Grand conseil de l'ordre du Grand Orient annonce la dissolution volontaire de celui-ci. Le 14 août, une loi interdit les sociétés secrètes, les loges sont dissoutes, leurs biens et archives saisis.

Le 26 août, à la mairie de Fort-Lamy, le gouverneur du Tchad, Félix Eboué (initié en 1922, à la loge La France Équinoxiale à Cayenne), proclame, avec le colonel Marchand, commandant militaire du territoire, le ralliement officiel du Tchad au général de Gaulle. Du 12 octobre au 30 novembre, une exposition antimaçonnique est présentée au Petit Palais à Paris.

1953 : La promulgation de sa Déclaration de principes place la Grande Loge de France dans une position intermédiaire entre celle du Grand Orient de France et celle de la Grande Loge Nationale Française. Quoique formée partiellement d'agnostiques, elle tient à maintenir de bonnes relations avec l'Église catholique dont elle reçoit parfois des dignitaires à l'occasion de conférences ou de séminaires comme elle le fait avec les représentants des autres religions.

1954 : La Grande Loge de France rétablit l'obligation pour ses loges de travailler en présence d'une Bible ouverte sous l'équerre et le compas ; quelques loges lisent les premiers versets de l'évangile de Jean auquel elle est souvent ouverte, sans aucune obligation.

Le 28 octobre 1958, Angelo Giuseppe Roncalli, est élu pape et prend le nom de Jean XXIII. Nonce en France en novembre 1944, il entra en amitié avec des hommes politiques tels que le frère Vincent Auriol et Édouard Herriot, maçon sans tablier (non initié) fréquentant les loges et participant à des tenues blanches, entouré de frères.

22 janvier 1961 : Le jésuite Michel Riquet participe à une tenue maçonnique au Grand Orient de France. En Janvier 1974, il propose, en vain, une réconciliation de l'Église catholique avec la maçonnerie française. Le 11 septembre 1975, la Sacrée Congrégation pour la doctrine de la foi déclare que le canon 2335 ne viserait que les catholiques faisant partie d'associations agissant contre l'Église (il reste cependant interdit aux clercs, aux religieux et aux membres séculiers de faire partie d'une association maçonnique sauf dispense).

Le 26 novembre 1983, alors que le canon 1184 du nouveau code de droit canon (constitution apostolique Sacrae disciplinae legis) ne mentionne pas les francs-maçons parmi ceux auxquels on doit refuser les funérailles catholiques et il ne maintient pas leur excommunication prévue à l'ancien canon 2335.

Le 26 juin 1985, la Grande Loge Unie d'Angleterre affirme dans son bulletin trimestriel : "*La franc-maçonnerie n'est pas une religion ni le remplacement d'une religion. Elle exige de ses membres la croyance en un Être suprême mais ne fournit aucune méthode de foi par elle-même... Il n'y a pas de Dieu maçonnique. Un franc-maçon reste voué au Dieu de la religion qu'il professe. Les francs-maçons se réunissent dans le respect commun de l'Être Suprême, mais il demeure "Suprême" dans leurs propres religions et ce n'est pas le rôle de la franc-maçonnerie d'essayer d'unir les religions. Il n'y a pas de Dieu maçonnique composé."*

Le 15 novembre, les cinq obédiences maçonniques françaises lancent un appel à la fraternité avec des associations humanitaires et des représentants de diverses religions, revendiquant le droit à la justice, à la liberté et à l'égalité pour les immigrés. Les 7 et 8 février 1987, à Toulouse, colloque entre maçons et catholiques.

Le 13 juillet, le synode général de l'Église d'Angleterre qualifie la franc-maçonnerie d'hérétique et juge la pratique maçonnique incompatible avec l'appartenance à l'Église chrétienne. Situation digne du "flegme britannique" puisque la Reine d'Angleterre est le premier dignitaire de l'église anglicane et son cousin, le Duc de Kent, est le Grand-Maître de la GLUA...

Le 2 mars 2007, le Vatican redit son opposition aux francs-maçons. "L'appartenance à la Franc-maçonnerie et à l'Église catholique sont incompatibles" aux yeux de l'Église, rappelle Mgr Gianfranco Girotti, régent du tribunal de la pénitencerie apostolique.

Il souligne que "l'Église catholique a toujours critiqué la conception mystique propre à la Franc-maçonnerie, la déclarant incompatible avec sa propre doctrine" et rappelle avec la Congrégation pour la doctrine de la foi que l'adhésion à une loge maçonnique demeure interdite par l'Église. Ceux qui y contreviennent sont en état de "péché grave" et ne peuvent pas avoir accès à l'eucharistie (Le Figaro, 5 mars 2007).

Le 24 mai 2013, le diocèse d'Annecy annonce que le curé de la paroisse de Megève (Haute-Savoie), Pascal Vesin, a été, "sur demande de Rome", démis de ses fonctions par l'évêque, en raison de son "appartenance active" à une loge maçonnique et parce qu'il a choisi de rester dans la franc-maçonnerie en opposant sa "liberté absolue de conscience".

Pour Rome, une double appartenance, quelle que soit l'obédience maçonnique choisie, est impossible. C'était il n'y a pas encore trois années...

Les francs - maçons aujourd'hui

Après l'élection de François Mitterand en mai 1981, la franc-maçonnerie française vivra une nouvelle proximité avec le pouvoir politique d'une intensité comparable à celle du début du XXe siècle. Roger Leray, grand maître du Grand Orient de France put même écrire dans le quotidien Le Monde le 13 août 1981 que les projets du gouvernement correspondent à la sensibilité des francs-maçons du grand Orient de France.

Selon Alain Bauer, ancien grand maître du Grand Orient de France, situé très à gauche, la France compte 135.000 à 140.000 francs-maçons, dont plein de journalistes.

Il a précisé qu'il y a en France une douzaine d'obédiences - des fédérations de loges - importantes et d'autres plus petites. « *Il y a plein de journalistes francs-maçons, il y a ceux qui assument le fait de le dire et d'autres qui le cachent, dit-il. Etre franc-maçon est-il compatible avec le métier de journaliste? «Quand on assume la fierté de l'appartenance, il n'y a pas de problème particulier*», estime Alain Bauer. «*Le problème c'est le secret*».

C'est aussi la promiscuité et l'incapacité à assumer sa propre mission professionnelle, juge l'ancien grand maître du Grand Orient. « *Dans la plupart des cas, c'est plutôt dans l'affairisme que dans le journalisme que la question s'est posée parce que la franc maçonnerie génère son tissu de corrompus et de pourris comme toute organisation humaine*», précise-t-il. Il considère également que la franc-maçonnerie a subi une considérable perte d'influence.

Il précise ainsi qu'avant la Seconde Guerre mondiale, 50% de la classe politique appartenait à une loge. Aujourd'hui, ils ne sont que 10%. Alain Bauer précise enfin qu'aucun président de la Ve République n'a été franc maçon. Concernant Jacques Chirac, son grand-père l'a été, Valéry Giscard d'Estaing a voulu mais les conditions qu'il aurait mise à son passage n'ont pas été jugées acceptables. Quant à François Hollande, son suppléant et beaucoup de gens autour de lui sont francs-maçons.

La Franc-Maçonnerie en général et le Grand Orient de France (GOF) en particulier, qui est une loge gauchisante ultra-laïcarde, n'est ni étrangère à la laïcité, ni étrangère à la République. On peut même affirmer que tous les partis politiques français (y compris le Front National par le biais du Mouvement Bleu Marine), ont des liens avec le gauchisant et ultra-laïcard Grand Orient de France.

Pour mémoire, rappelons qu'en vue des présidentielles de 2012, la loge maçonnique la plus à gauche de France, donc le Grand Orient, avait fait venir les candidats à l'élection présidentielle dans son temple, rue Cadet à Paris, dans le IXe arrondissement. Le grand maître Guy Arcizet avait rendu compte de cette initiative, à l'occasion de la parution d'un livre de 360 pages retraçant l'intégralité des débats. *François Bayrou, Nicolas Dupont-Aignan, François Hollande, Eva Joly, Jean-Luc Mélenchon, Hervé Morin et Dominique de Villepin* étaient venus à ces Grands Echanges. Marine Le Pen n'avait pas été invitée ; cela dit, son allié, Me Gilbert Collard, est membre du GODF. Quant à Sarkozy, il avait organisé, aux Bains Douches, un happening nocturne pour les grands PDG, les Francs-maçons et les homosexuels, chose impensable, sauf en France.

De fait, les objectifs du GOdF pour le président qui serait élu en 2012 étaient principalement : *renforcer le laïcisme et renforcer l'éducation laïciste* ; *se soumettre aux lobbys LGBT* ; *garantir davantage le droit à l'avortement*. En 2014, via le mariage gay avec adoption d'enfants, le GOdF a largement atteint ses objectifs.

Les francs-maçons de gauche avaient décidé de peser dans la campagne. Le grand-maître Guy Arcizet expliquait : «*On a un réseau, on va s'en servir. Y compris en allant voir ceux qui nous représentent, en les empêchant de dormir, même à 2 heures du matin*». Ce qui était intéressant dans cette histoire qui remonte à 2012, c'est d'une part, que la loge la plus gauchisante de France, le GOdF, s'étend du Front National avec Gilbert Collard au Front de Gauche avec Jean-Luc Mélenchon. Et d'autre part, que le GOdF ait ouvertement proclamé : « *On a un réseau, on va s'en servir. Y compris en allant voir ceux qui nous représentent, en les empêchant de dormir, même à 2 heures du matin* ».

Imaginez si un évêque et un rabbin de l'Hexagone avaient osé déclarer publiquement : « *On a un réseau, on va s'en servir. Y compris en allant voir ceux qui nous représentent, en les empêchant de dormir, même à 2 heures du matin* ».

Il y a quelques années, Sophie Coignard, dans l'hebdomadaire français 'Le Point', écrivait : « *La reconduction de François Fillon à Matignon est une défaite des francs-maçons, dont beaucoup soutenaient ouvertement Jean-Louis Borloo, qui, en tant que chef du Parti radical, incarne la tradition fraternelle au sein de la République.*

Telle est l'analyse à laquelle se livre un personnage politique français de tout premier plan sur le récent remaniement ministériel. Voici son raisonnement : "Il suffit de regarder qui soutenait Borloo : Claude Guéant, le secrétaire général de l'Élysée, pour une fois d'accord avec Henri Guaino, mais aussi le patron d'EDF, Henri Proglio, qui nie être initié, mais cela fait rire tout Paris". Notre observateur averti ne souhaite évidemment pas apparaître à visage découvert. "Ce que je vous dis est une évidence pour quiconque s'intéresse aux jeux d'influence au sommet. Mais je n'ai pas envie de passer pour un paranoïaque, s'amuse-t-il. Et puis, les frères sont les premiers à avancer masqués, non ? Dans tous les cénacles, la "main invisible" des francs-maçons anime les conversations. Pourquoi ? Parce qu'elle obéit à une combinaison magique : réseau d'influence plus secret d'appartenance. Le cocktail parfait !

D'ailleurs, comme pour illustrer ces propos, quelques jours après sa sortie du gouvernement, Jean-Louis Borloo organise dans les Salons de l'Aveyron, à Paris, un "dîner républicain" de 800 personnes. Traditionnellement, ce banquet réunit des frères et leurs amis défenseurs de la laïcité pour commémorer la loi de séparation des Églises et de l'État. Là, c'est la fête à Jean-Louis ! Les familiers des loges ne manquent pas autour des tables ».

Dans cette longue – et coûteuse – saga de Bernard Tapie contre l'État, le mot "franc-maçon" n'est jamais prononcé, mais brûle toutes les lèvres. Dans son livre "Abus de pouvoir", François Bayrou lui consacre un chapitre violent dont certains passages doivent être lus entre les lignes. Le président du MoDem évoque ainsi la manière dont un amendement législatif a été introduit afin de permettre aux établissements publics administratifs d'avoir recours à l'arbitrage pour résoudre leurs conflits. Qui avait, dans le secret des cabinets, préparé ce texte ? Était-ce le cabinet du ministère de l'Intérieur, ceux de Nicolas Sarkozy et de Brice Hortefeux ? Ou Bercy, sous la double autorité du ministre de l'Économie, Thierry Breton, et du ministre du Budget, Jean-François Copé ? Les initiés compléteront d'eux-mêmes : tous francs-maçons ou très proches des loges. D'ailleurs, un initié, et pas le moindre, réagit lui aussi à l'arbitrage qui couvre Tapie de millions.

Dans les colonnes de Libération, Jean-Michel Quillardet, un avocat qui était alors grand maître du Grand Orient, s'indigne. "*Je voulais envoyer un signal : montrer que les francs-maçons ne sont pas tous dans les combines, explique-t-il. On sait que des membres de la GLNF ont joué un rôle dans cette affaire, à l'Élysée, à Bercy, mais aussi parmi les avocats d'affaires spécialisés dans les liquidations judiciaires, qui sont à la fois proches de Tapie et impliqués dans des transactions en Afrique*".

Cercles Inter Universitaires

Les initiales semblent être inoffensives: CIU, Cercles Inter Universitaires. Mais cette tranquille association d'universitaires français, cacherait en fait une super loge maçonnique, avec les mêmes initiales, mais un nom moins rassurant : Confraternité Initiatique Universelle. Si certains membres sont des professeurs universitaires intéressés par l'histoire de la Franc-Maçonnerie et par des questions philosophiques, d'autres sont très proches de la politique française.

C'est ce que révèle l'enquête sur la couverture de l'hebdomadaire Le Point qui dans le numéro du 26 Janvier 2012 a étudié l'entourage des principaux candidats à la présidentielle. S'il s'agit là de simples curiosités, il est intéressant de noter que Le Point, en tenant compte des plaintes et des démentis qu'il dit ne pas craindre, comptait treize francs-maçons dans l'entourage immédiat de Nicolas Sarkozy, parmi lesquels les ministres des Finances, François Baroin, du Travail, Xavier Bertrand, de la Défense, Gérard Longuet, de l'Intérieur, Claude Guéant, de la Justice, Michel Mercier, des Sports, David Douillet, des Relations avec le Parlement, Patrick Ollier, de la Coopération internationale, Henri de Raincourt et de l'Education, Luc Chatel. Ces deux derniers ministères, dans l'histoire française ont presque toujours été confiés à des maçons, mais, comme nous le voyons, avec Sarkozy, c'est le gouvernement tout entier qui semble plutôt une grande Loge ».

Et beaucoup de ces ministres sont proches de ce mystérieux CIU, qui n'est pas nécessairement d'accord avec la loge la plus nombreuse et la plus puissante en France, le Grand Orient. Quant à Sarkozy, il faut se rappeler de la relation très particulière entre le Président et l'ancien grand maître du Grand Orient Alain Bauer, et sa vieille habitude – curieux pour quelqu'un qui prétend ne pas être un franc-maçon – de signer de son nom suivi des trois points, comme font les «frères» – les lettres que, comme ministre de l'intérieur, il envoyait aux syndicats de police, où pratiquement depuis toujours, presque tous les officiers sont francs-maçons.

Dans l'équipe qui gérait la campagne de Hollande, Le Point a identifié dix francs-maçons, dont le président du Sénat, Jean-Pierre Bel, les anciens ministres Michel Sapin et Jean-Yves Le Drian, le maire de Lyon Gérard Collomb et le Directeur de la communication du candidat socialiste, Manuel Valls. Face à cette prolifération de 'frères', ceux qui en France se méfient des francs-maçons pourraient être tentés de voter pour le candidat centriste François Bayrou ou à droite pour que Marine Le Pen. Mais même ici, assure Le Point, les loges ont pris leurs précautions. Aux côtés de Bayrou, comme conseiller écouté, il y a l'ancien sénateur et membre de la Cour des comptes, Alain Lambert, qui est de la même loge où est née la mystérieuse CIU ».

Du même milieu vient aussi Dominique Paillé, ancien porte-parole de l'UMP, parti de Sarkozy, qui ne fait pas partie de l'équipe, mais qui a fait de François Bayrou le vainqueur de l'élection présidentielle dans son roman Panique à l'Elysée, et il est très influent dans des milieux qui soutiennent le candidat centriste.

Quant à Marine Le Pen, fait partie de son équipe l'avocat – qui apparaît souvent dans les grands médias français – Maître Gilbert Collard, initié dans la Grande Loge de France, puis transféré à la Grande Loge nationale française, l'obédience la plus « traditionalistes » – en termes maçonniques, bien sûr – qui a été le terreau de la mystérieuse CIU.

Beaucoup d'eau a coulé sous les ponts depuis le Grand Orient en 1980 avait menacé d'expulser non seulement ceux qui étaient inscrits au Front national, dirigé alors par le père de Marine Le Pen, mais aussi ceux qui avaient accepté le soutien du parti d'extrême-droite, tels que l'ex-ministre Jean-Pierre Soisson, qui avait cherché des voix du Front national pour conserver le poste de président du Conseil général de la Bourgogne. Peut-être qu'ils n'en feront rien, mais le Grand Orient a sérieusement discuté l'idée d'inviter Marine Le Pen lors d'une réunion de «Loge Blanche» à huis clos afin d'exposer son programme aux 'frères', comme les autres candidats: une idée qui aurait été impensable il y a quelques années.

Sans doute les obédiences françaises ne pensent-elles pas toutes de la même façon sur de nombreuses questions. Mais il y a des fils qui les unissent et, finalement, dans la politique française, la maçonnerie réussit toujours à compter plus que dans d'autres pays. S'il se peut que l'influence maçonnique dans les affaires politiques soit en crise ailleurs, les 140.000 maçons français sont déterminés à la garder comme une caractéristique spécifique de leur pays ».

A ceux qui se demandent si les francs-maçons jouissent encore d'une forte influence électorale en France, Guy Arcizet, le grand maître du Grand Orient de France (GODF), apporte une réponse très claire : *"Les candidats à l'élection présidentielle se précipitent avec enthousiasme pour prendre la parole dans nos temples."* Pour atteindre les plus de 160 000 frères et soeurs regroupés dans des dizaines d'obédiences, mais surtout parce que chaque initié constitue une petite tête de réseau.

Bien sûr, une prestation réussie sous la voûte étoilée, un discours bien accueilli dans la nappe phréatique maçonnique ne suffit pas à gagner la course à l'Elysée. En revanche, ceux qui méprisent l'opinion des "fils de la Lumière" ont toutes les chances de partir avec un lourd handicap. Lionel Jospin, en 2002, et Ségolène Royal, en 2007, l'ont payé au prix fort.

Nicolas Sarkozy, au début de son quinquennat, il les a déçus, parfois viscéralement. Le premier coup a été porté à Latran (cité du Vatican) lorsque le président clame la supériorité du curé sur l'instituteur. Quel affront pour les francs-maçons, si attachés à l'école laïque ! Nicolas Sarkozy aggrave son cas en vantant, à Riyad (Arabie saoudite), ce "*Dieu transcendant qui est dans la pensée et dans le coeur de chaque homme*".

Pour ses amis des loges, le président a cédé au lobby catholique qui l'entoure. Les deux discours truffés de références maçonniques qu'Alain Bauer avait écrits pour le candidat de 2007 ont été vite oubliés.

François Hollande ne manquera pas d'exploiter les faiblesses de cet adversaire. Membre du GODF, François Rebsamen, très proche du candidat socialiste, insiste sur le discrédit de Sarkozy, qui, selon lui, ne se limite pas au thème de la laïcité : "*L'égalité est une valeur républicaine forte, et le président de la République tourne le dos à la justice sociale, clame le président du groupe socialiste au Sénat et maire de Dijon. Alors qu'il faudrait demander plus à ceux qui ont plus et moins à ceux qui ont moins, Sarkozy privilégie son cercle d'amis.*"

Paraphrasant le principe maçonnique "Rassembler ce qui est épars", Rebsamen affirme qu'un président "devrait rassembler plutôt que cliver". Allusion aux discours culpabilisants du président de la République vis-à-vis de certaines catégories de Français. Afin de surmonter ce handicap, Nicolas Sarkozy fera-t-il de nouveau appel à Alain Bauer ? Le criminologue se déclare disponible, même s'il a conscience de la "franche déception de ceux qui le soutenaient avec enthousiasme".

Le rôle de Claude Guéant, secrétaire général de l'Elysée (2007-2011) puis ministre de l'Intérieur, ne facilite pas l'opération séduction. A priori, la proximité de son collaborateur avec les réseaux maçonniques était un atout pour Sarkozy. Guéant a beau répéter : "Je ne suis pas franc-maçon et ne l'ai jamais été", il a privilégié, lors de nominations, des frères au détriment de profanes. Il n'a pourtant pas fait plaisir à l'ensemble du monde maçonnique car il a favorisé la Grande Loge nationale française (GLNF), courant régulièrement soupçonné d'affairisme.

Le fils du ministre de l'Intérieur, François Guéant, élu UMP de la région Bretagne, est membre de cette obédience depuis décembre 2006.

Dans une interview à L'Express (2010), Claude Guéant reconnaissait avoir établi de bonnes relations avec le haut dignitaire. Et de préciser: "Il a, s'agissant d'une situation délicate à gérer, apporté une contribution positive." En clair, le franc-maçon a fait jouer ses réseaux en Guadeloupe afin d'aider le gouvernement à prendre langue avec le LKP d'Elie Domota pendant le mouvement de protestation qui a paralysé l'île, début 2009.

C'est le moment choisi par François Stifani pour assurer, par écrit, le président de la République du soutien de l'ensemble des maçons de son obédience (2010).

Ce courrier a fait scandale dans les loges, dont l'une des règles est la neutralité politique. Il a amplifié la crise déclenchée par les opposants au grand maître, qui a conduit la justice à placer la GLNF sous administration judiciaire en janvier 2011.

Face aux handicaps de son adversaire, la tâche de François Hollande apparaît nettement plus aisée. "Il est maçonnico-compatible, résume Roger Dachez, président de l'Institut maçonnique de France et ami d'Alain Bauer. Déjà parce qu'il est de gauche. Tout candidat de droite ou du centre est suspect de porter atteinte aux valeurs de la République, particulièrement la laïcité." Et, sur ce thème, Hollande a frappé très fort, le 22 novembre, lorsqu'il a planché dans le grand temple Groussier, au siège du GODF, à Paris.

Il a proposé d'intégrer dans la Constitution les principes de la très maçonnique loi de 1905 de séparation des Eglises et de l'Etat. Batterie d'applaudissements dans les temples! L'idée n'est pas venue toute seule au vainqueur de la primaire socialiste. Deux anciens grands maîtres du GODF la lui ont soufflée: Philippe Guglielmi, premier secrétaire du PS de Seine-Saint-Denis, et Patrick Kessel, président du Comité laïcité République. Avec le concours de Jean Glavany, spécialiste du sujet, et de François Rebsamen. Selon ce dernier, "François [Hollande] a la volonté de porter les valeurs de la République laïque".

Du gâteau pour le frère dijonnais, en comparaison des efforts qu'il dut déployer, en 2007, pour convaincre la christique et pratiquante Ségolène Royal d'aller parler aux frères dans un temple. Elle finit par accepter. Avant d'annuler. Du plus mauvais effet dans les loges! Même le rocardo-sarkozyste Alain Bauer se dit prêt à donner un coup de main à François Hollande: "J'accepterais de lui écrire un discours", confie celui qui demeure l'ami de Manuel Valls, directeur de la communication du candidat PS et ancien membre du GODF. Sauf que, selon Rebsamen, Hollande ne fera pas appel à Bauer: "Il n'en a pas besoin", tranche-t-il.

Il est vrai que "François Hollande est particulièrement bien entouré, se réjouit le frère Jean-Michel Rosenfeld, qui fut chargé des relations entre le PS et le GODF lorsque Pierre Mauroy était Premier ministre. A côté de Rebsamen, il y a Gérard Collomb, le maire de Lyon, et Jean Le Garrec, patron de la fraternelle Ramadier, celle des élus de gauche". Et puis, la Corrèze demeure une terre de francs-maçons. René Teulade, qui fut suppléant du député Hollande à l'Assemblée nationale, fréquente une loge de Brive. Comme Chirac avant lui, Hollande cajole les frères. "Il est venu plusieurs fois nous rendre visite dans notre temple", confie Daniel Noni, ancien vénérable maître de la loge GODF de Tulle.

Marine Le Pen, elle, n'a jamais mis les pieds dans un tel édifice. Le GODF refuse de l'inviter, traitant la fille comme le père. "Impossible de faire autrement tant que le FN ne sera pas républicain, tant qu'il prônera le rejet de l'autre", soutient Guy Arcizet. Son obédience a tout de même molli dans son opposition: elle se contente désormais de souhaiter la baisse du score du FN et sa disparition.

"Lorsque nous demandions l'interdiction de ce parti, à la fin des années 1990, nous étions plus cohérents", regrette Alain Bauer. "En nous boycottant, le GODF démontre qu'il appartient au système des partis, un système à bout de souffle", accuse Louis Aliot. Le vice-président du FN et compagnon de Marine Le Pen est parvenu à attirer deux avocats francs-maçons dans l'équipe présidentielle: Gilbert Collard (GLNF) et Valéry Le Douguet (GODF), ce dernier étant sur le point de se faire radier. Les francs-maçons ayant été, comme les juifs, toujours attaqués avec rage par l'extrême droite, ces deux prises du FN ont nourri une vive émotion. "Je ne suis pas vraiment troublé, assure pourtant Arcizet. Cela prouve juste que l'initiation maçonnique ne vaut pas brevet de vertu."

Une récente provocation a créé un autre frisson d'effroi. "Marine Le Pen est la seule défenseur de la laïcité", a osé déclarer Elisabeth Badinter. Les frères l'ont très mal pris. "Comment dire cela alors que la candidate frontiste flirte avec l'intégrisme catholique", tacle Gérard Contremoulin. "L'extrême droite s'en prenait aux juifs avant guerre. Aujourd'hui, le FN s'attaque à l'islam et pour cela instrumentalise la laïcité", renchérit Guy Arcizet.

Dans sa fougue, la philosophe a oublié un virtuose en laïcité, le candidat Jean-Luc Mélenchon. Seul franc-maçon dans la course à l'Elysée, il s'était payé un succès réel en publiant sa planche du 22 janvier 2008 contre les discours de Nicolas Sarkozy, auprès du réseau des loges comme dans le monde profane. Cet engagement ne lui rapportera pourtant pas les faveurs électorales des nombreux frères. S'ils saluent l'intelligence du tribun laïque, ils goûtent moins le virage du frère du GODF qui se refuse à s'assumer comme tel depuis qu'il est candidat à la présidentielle. C'est que, dans son milieu politique, le PCF et l'extrême gauche, les loges n'ont pas bonne presse. "Pour les marxistes-léninistes, commente Roger Dachez, la franc-maçonnerie est une organisation de collaboration de classes dominée par la bourgeoisie."

Le peuple qu'affectionne le candidat du Front de gauche y est peu représenté. Les frères sont généralement des petits-bourgeois. Comme dans la loge parisienne Roger Leray, que fréquente Mélenchon. Dans cet atelier très politique, les socialistes dominent : après les législatives de 2012, il pourrait compter une dizaine de députés.

L'ancien grand maître du GODF Jean-Michel Quillardet partage l'engagement de Jean-Luc Mélenchon en faveur de la laïcité, mais il ne votera pas pour lui. "Entre François Bayrou et François Hollande, je n'ai pas encore choisi, confie-t-il. J'espère qu'ils vont s'allier car ils ont tout pour s'entendre." Bayrou, ministre de l'Education nationale en 1993, avait pourtant soutenu une réforme de la loi Falloux permettant d'augmenter les subventions publiques aux écoles confessionnelles. Tollé dans les loges.

Ce faux pas semble donc quasi pardonné, y compris par Quillardet. D'autant que le leader du MoDem est en fait authentiquement laïque. Il a été rejoint par le frère GLNF Alain Lambert, président du conseil général de l'Orne et ancien ministre. D'autres pourraient l'imiter. Par exemple, des radicaux orphelins de Jean-Louis Borloo, comme le maire de Nancy, André Rossinot (GODF), ou le député et ancien ministre François Loos (GLNF).

Eva Joly, de culture protestante, est peut-être la candidate qui a le moins d'affinités maçonniques. "L'écologie politique est un courant soixante-huitard, pour qui la franc-maçonnerie, très hiérarchisée, demeure aussi ringarde que désuète", analyse Roger Dachez. "De leur côté, les frères comprennent mal l'écologie, une force politique sans racines, alors qu'ils connaissent bien le radicalisme ou le socialisme", observe Patrick Farbiaz, qui conseille à la fois Noël Mamère, Cécile Duflot et Eva Joly. En tant que juge, incarnation de la justice de la République, la candidate écolo est bien reçue en loge, même si elle a mis en examen quelques frères, comme Roland Dumas. Farbiaz, qui fut membre du GODF pendant une dizaine d'années, a carrément appris à Eva Joly une formule rituelle pour démarrer son récent discours lors d'une tenue blanche fermée à Strasbourg : "Vous, mes frères, en vos grades et qualités...". La présidentielle vaut bien une visite au temple !

Lorsque Manuel Valls rejoint le GODF, l'influence de son obédience sur les hautes sphères de l'Etat décline depuis des années. Explications avec l'historien Roger Dachez, président de l'Institut maçonnique de France.

Après guerre, les francs-maçons ont joué un rôle politique majeur à deux reprises. La première fois, après Mai 68, lorsque le Grand Orient de France (GODF) a une expression très engagée à la gauche de la gauche avec les grands maîtres Jacques Mitterrand (1), ancien sénateur de l'Union progressiste proche des communistes, et Fred Zeller, ancien secrétaire de Trotski. La seconde fois, après mai 1981, où les grands maîtres du GODF Paul Gourdot et Roger Leray interpellent le gouvernement d'union de la gauche pour qu'il mette en oeuvre les réformes promises.

Selon Roger Dachez, les francs-maçons ne s'expriment plus de manière consensuelle depuis 1984.

François Mitterrand et son cabinet étaient agacés par les interventions politiques incessantes des dignitaires francs-maçons. En 1984, ils demandent l'application du programme socialiste sur le service public unifié de l'Education nationale, sujet qui tient particulièrement à coeur aux frères. C'est pour les maçons un échec terrible, puisque le gouvernement recule après la manifestation monstre dite "pour l'école libre", rassemblant toute la droite. Depuis, les francs-maçons ne s'expriment plus de manière bruyante et consensuelle.

Y a-t-il un lien entre cette perte d'influence continue depuis quarante-cinq ans et la croissance des effectifs, de 38000 maçons en 1970 à 178000 aujourd'hui?

Les deux phénomènes se produisent en tout cas parallèlement. C'est la période au début de laquelle entrent en maçonnerie ceux qui ont "fait Mai 68" et constatent que le gouvernement de gauche ne change pas le monde. Ces déçus de l'action politique classique, venant souvent de la gauche, cherchent en maçonnerie une troisième voie, pas seulement pour faire avancer des idées : ils veulent aussi vivre une recherche symbolique et une vie fraternelle.

Les pouvoirs publics consultent les obédiences sur la bioéthique ou la fin de vie. Mais la franc-maçonnerie n'est plus une force parapolitique, elle tente juste de pallier le passage à vide des partis. Alors que les Français ne croient plus beaucoup à l'action des élus, le GODF cherche à revenir dans le jeu non pour faire de la politique à l'ancienne mais pour délivrer un message que les partis ne portent plus, pour montrer un projet, un espoir, une voie, défendre des valeurs.

La franc-maçonnerie sait que son influence ne se mesure plus au nombre de parlementaires ou de ministres initiés, d'autant plus qu'ils ne sont plus la voix et l'instrument du projet des obédiences, comme au début du XXe siècle. Par exemple, Daniel Keller, grand maître du GODF, parle de l'avenir de l'Europe, des enjeux écologiques, des sujets nouveaux pour les francs-maçons. Mais la franc-maçonnerie est plurielle : les obédiences dites "sociétales", principalement le GODF, ne sont plus vraiment majoritaires.

Manuel Valls

Une part de mystère dans son "CV" de Premier ministre. Ses nombreuses biographies ne l'évoquent pas. Idem pour les portraits diffusés à télévision. Pas un mot, aucune allusion, rien, comme s'il y avait là un secret inavouable. Le fait que Manuel Valls ait longtemps appartenu au Grand Orient de France (GODF), l'une des principales organisations maçonniques du pays serait-il effacé comme on gommait autrefois des clichés les visages des opposants à Staline?

Son passage en franc-maçonnerie fut pourtant très long, de 1989 à 2005, et d'une richesse telle qu'il a contribué à façonner l'homme qu'il est devenu. Seize années durant, sa conscience politique s'est forgée au feu des débats en loges, au plus près des "frères", témoins discrets mais attentifs de son ascension.

Manuel, le Catalan

Comme le journaliste François Koch, spécialiste de la Franc-Maçonnerie, raconte dans une enquête très détaillée dans le magazine L'Express : « *En 1980, Manuel Valls, né à Barcelone en 1962, est encore de nationalité espagnole. Etudiant en histoire à l'université Paris I, il milite au Mouvement des jeunes socialistes et soutient Michel Rocard, l'éternel rival de François Mitterrand.*

"Dans le grand amphi N du centre Tolbiac de l'université, j'ai été bluffé par le courage et l'éloquence de Manuel haranguant un public difficile pour une cause humanitaire en Italie, après une catastrophe naturelle", se souvient Alain Bauer. Les deux jeunes gens composent alors avec Stéphane Fouks, futur publicitaire, un trio de rocardiens qui résistera à l'épreuve du temps. Aujourd'hui encore, Valls les considère comme ses "plus proches amis".

En juin 1981, Bauer entre au GODF. Il serait logique que cette aventure enthousiasmante - une "libération intérieure", selon lui - ait incité son ami espagnol à le suivre. Beaucoup en sont convaincus, y compris dans les rangs de la franc-maçonnerie.. En 1981, le jeune Valls, très actif au sein de l'Unef, syndicat étudiant considéré comme la "pouponnière" du PS, ne rêve que d'une carrière politique.

Naturalisé français à l'âge 20 ans, il devient par la suite l'assistant parlementaire du député de l'Ardèche Robert Chapuis - ancien dirigeant du Parti socialiste unifié (PSU, cher à Michel Rocard) -, avant d'être lui-même élu conseiller régional d'Ile-de-France. Mais tout cela ne dit pas comment, ni par qui, il rejoint à son tour le GODF.

Nous sommes en 1988. Michel Rocard vient d'être nommé Premier ministre. Il a pour chef de cabinet Yves Colmou, membre du Grand Orient. Manuel Valls, pour sa part, est l'un des chargés de mission de Matignon, responsable successivement des relations avec l'Assemblée nationale puis de la jeunesse et de la vie étudiante. C'est un collaborateur sérieux, disponible, manifestant déjà une grande ambition. Yves Colmou l'apprécie et lui présente un autre rocardien, de dix-neuf ans son aîné, Jean-Pierre Antebi, un courtier en assurances devenu l'un des dignitaires du GODF. C'est cet homme, inconnu du grand public, qui devient bientôt son parrain en franc-maçonnerie. Il est partagé entre trois passions militantes : le PS, le GODF et la Licra. Un homme haut en couleurs emporté par la maladie en 2007, à l'âge de 64 ans.

A priori, la démarche de Manuel Valls n'a rien d'extraordinaire. Le fait d'intégrer le GODF, une obédience étiquetée à gauche est une étape assez logique pour un esprit brillant, soucieux de parfaire son intégration dans la République. La vraie surprise - et d'importance ! - tient au profil de la loge d'Antebi : un atelier au nom sulfureux, Ni maîtres ni dieux, composé de militants libertaires ou anarchistes, socialistes autogestionnaires ou communistes. Un cocktail de trublions, lointains héritiers d'une vieille tradition. Au XIXe siècle, les théoriciens de l'anarchisme, Pierre-Joseph Proudhon et Mikhaïl Bakounine, n'étaient-ils pas affiliés à une obédience maçonnique?

La création de *Ni maîtres ni dieux* remonte à 1985 et mérite, elle aussi, d'être racontée. Cette année-là, 13 "frères", membres de trois loges différentes, se réunissent avec le projet ambitieux de secouer un GODF jugé un peu endormi par la victoire de la gauche en 1981. Jean-Pierre Antebi se rend donc au siège de l'obédience afin de faire enregistrer le nom de la loge en gestation : "Pierre Mendès France". Manque de chance, ce nom a été déposé le matin même par d'autres frères.

L'un des membres du groupe, André Combes, actuel directeur de l'Institut d'études et de recherches maçonniques, s'écrie alors : "Appelons-la 'Ni Dieu Ni Maître'!", en référence à la célèbre formule du libertaire socialiste Louis-Auguste Blanqui, qui l'utilisa en 1880 comme titre de son journal. "Renversons les termes, au pluriel et en minuscules", suggère Antebi, histoire de maintenir tout de même un peu de distance avec la devise "anar". Va pour "Ni maîtres ni dieux".

Les fondateurs ne s'en tiennent pas à cette savoureuse allusion. Ils veulent frapper plus fort en rédigeant une charte libertaire. Le texte, affiné durant des mois au fil d'âpres discussions, stigmatise l'"illusion sur les pouvoirs libérateurs", l'autorité qui ne saurait être "fille de l'égalité"... Les membres sont invités à construire des utopies assurant le progrès social en faisant appel, s'il le faut, aux "rêves les plus fous". Transgressifs en diable, ils transforment les titres des responsables de la loge, considérés comme trop pompeux ou caporalistes. Ainsi, le vénérable maître (président) devient le "maillet d'Orient", les premier et second surveillants prennent le nom de premier et second maillets.

Le lancement est prévu le jeudi 10 avril 1986. Chose inhabituelle : à elle seule, la création de cette loge constitue un événement au GODF. Le jour venu, le temple Groussier de la rue Cadet, dans le IXe arrondissement de Paris, est bondé; bien des frères doivent demeurer à la porte. "Lorsque le grand maître Roger Leray allume les feux de l'atelier, avec pour colonne d'harmonie Louis Armstrong chantant

Sometimes I Feel Like a Motherless Child, il est manifestement ravi de donner le coup d'envoi d'une loge poil à gratter", se souvient Jean Pachot, l'un des fondateurs.

Une fois en place, celle-ci refuse de traiter avec les honneurs les dignitaires qui viennent lui rendre visite : dans le temple, ils ne sont pas placés "à l'Orient" (sur l'estrade réservée aux frères dotés de fonctions hiérarchiques). Ce comportement égalitariste, libertaire et un tantinet irrespectueux n'empêche pas Jean-Pierre Antebi, le "premier maillet" et futur parrain de Manuel Valls, d'être propulsé quelques mois plus tard au conseil de l'ordre, l'exécutif du GODF, et promu dans la foulée grand secrétaire aux affaires extérieures, l'équivalent maçonnique d'un ministre des Affaires étrangères.

C'est dans ce contexte, trois ans plus tard, qu'un certain Valls, "simple" chargé de mission à Matignon, choisit pour parrain Jean-Pierre Antebi. Cet homme d'expérience, à la fois chaleureux et fort en gueule, prend plaisir à guider le novice dans le long et complexe parcours initiatique censé le mener à Ni maîtres ni dieux.

La procédure obéit à des règles très strictes. Trois enquêteurs, issus de la loge, commencent par interroger l'impétrant, séparément et sans se concerter. Tout y passe : sa carrière, ses motivations, ses opinions philosophiques, politiques ou religieuses. Après un premier vote positif des frères, exprimé à l'aide de boules blanches contre des noires, arrive l'épreuve du "passage sous le bandeau".

Voici le candidat au milieu du temple, les yeux bandés, contraint de répondre à toutes sortes de questions, sur des sujets aussi variés que la laïcité, l'euthanasie ou l'extrême droite. Après un second vote positif, la cérémonie d'initiation peut enfin être programmée. Ce sera le 26 avril 1989, un mercredi, jour du Conseil des ministres

Convoqué dans les locaux de la rue Cadet, Manuel Valls s'isole dans un "cabinet de réflexion". L'endroit est lugubre, décoré d'un crâne humain. Le jeune homme n'a que 26 ans, mais il rédige déjà son testament philosophique, symbole de son imminente transformation. Conduit au temple les yeux bandés, il effectue trois parcours d'obstacles, de moins en moins difficiles : pour le premier, il lui faut accélérer, ralentir, enjamber, marcher en zigzag, au son de la grêle et du tonnerre, alors qu'au cours du deuxième il entend cliqueter des glaives et qu'au troisième, il sent s'approcher de lui une flamme, symbole de sa purification. Puis il avale une boisson très amère, composée d'extrait de marron d'Inde, le goût aigre-doux des chagrins humains.

Vient ensuite le moment, solennel et émouvant, du serment d'obligation : "Je jure de garder inviolablement tous les secrets qui me seront confiés [...], je consens, si je deviens parjure, à avoir la gorge coupée, le coeur et les entrailles arrachés, le corps brûlé et réduit en cendres, mes cendres jetées au vent, et que ma mémoire soit en exécration à tous les maçons."

Ces termes symboliques, désuets au possible, ne sont évidemment pas à prendre au pied de la lettre, mais ils ont de quoi donner quelques frissons. A cet instant, le premier maître de cérémonie ôte enfin le bandeau. Le nouveau venu découvre tous ses frères. D'où l'expression "recevoir la lumière", signifiant une seconde naissance, en franc-maçonnerie cette fois.

Le conseiller de Michel Rocard fait désormais partie de la loge. Fou de joie, Jean-Pierre Antebi confie à un grand maître sa satisfaction de parrain : "J'ai fait une bonne recrue." "Il est bien ce gars, il ira loin", se réjouit-il devant d'autres frères. "Il a eu un coup de foudre pour Valls, confirme Edith Antebi, veuve de Jean-Pierre, décédé en 2007. Il lui voyait un brillant avenir, une candidature à l'élection présidentielle."

Tous les 2e et 4e mercredis du mois, à 20h30, le jeune homme prend place en tablier et gants blancs sur les colonnes (les sièges alignés à gauche et à droite) d'un temple parisien de la rue Cadet, pour participer aux tenues (réunions). Dans cette loge, le rituel est réduit à sa plus simple expression, pour laisser la place à la lecture d'une planche (exposé) et à un débat sur un sujet de société. "Manuel ne partageait pas toutes nos idées, mais il se plaisait beaucoup au milieu de libertaires et de libres-penseurs, confie Jean Pachot, l'un de ses anciens maillets d'Orient. Il venait s'encanailler en loge."

Son ami Bauer confesse avoir cru "mourir de rire" en apprenant qu'il était entré dans cette loge-là, puis il a fini par déceler dans cet engagement inattendu son goût de l'indé pendance. A l'entendre, ce Valls-là aimait déjà l'ordre et la droiture, la rigueur et les valeurs républicaines, la laïcité et le combat contre le totalitarisme. Et s'il accepte, en 1989, de rejoindre Ni maîtres ni dieux, c'est qu'il se cherche encore et que les débats houleux avec ses frères situés à gauche de la gauche l'aident à se construire politiquement.

Bien qu'il adore l'ambiance et la fraternité de sa loge mère, Manuel Valls doit se résoudre à la quitter, en 1995, pour un autre atelier. Il explique à son maillet d'Orient, Jean Pachot, qu'en tant que secrétaire national à la communication du PS il a des réunions le mercredi soir rue de Solferino, au siège du parti, et que cet emploi du temps est incompatible avec les tenues de la loge. Pas question, pour autant, de renoncer au GODF. Cette fois, il ne cherche pas bien loin son point de chute : Alain Bauer, devenu deux ans auparavant le parrain de son deuxième fils, Ugo, assure son transfert vers l'Infini maçonnique, une loge qu'il a lui-même fondée l'année précédente et dont il est encore, cette année-là, le principal responsable.

L'Infini maçonnique est aussi calme et classique que Ni maîtres ni dieux est agitée et frondeuse. Plus adaptées aux contraintes de Manuel Valls, les tenues de l'Infini maçonnique se déroulent les 2e et 4e jeudis du mois, à 18h30. Dès le 13 décembre 1995, il est élevé "maître maçon". Ce grade l'autorise à participer aux décisions du groupe et lui donne accès à ce qu'il est convenu d'appeler le "plateau", c'est-à-dire les fonctions à responsabilités. Cette progression, qui récompense la qualité du travail maçonnique et de ses connaissances, est rendue effective au terme d'une nouvelle cérémonie initiatique joliment baptisée "augmentation de salaire".

A compter de 1997, Manuel Valls revient à Matignon, comme conseiller à la communication de Lionel Jospin. Même s'il n'oublie jamais de prévenir ses frères de son absence, son assiduité en loge commence à faiblir. Quand il devient maire d'Evry, en 2001, puis député de l'Essonne, l'année suivante, sa participation aux travaux rituels devient de plus en plus rare. Sa démission n'est officiellement enregistrée au fichier du GODF qu'en 2005, alors qu'un vénérable maître interrogé se souvient qu'il était systématiquement absent un ou deux ans avant.

La manière dont il a entamé sa carrière politique à Evry mérite tout de même un décryptage maçonnique. Qui est allé le convaincre, à Matignon, de se présenter aux municipales de 2001 ? Jacques Guyard, maire sortant et "frère" du GODF, qui avait décidé, dès 1998, de ne pas se représenter. En juillet 2000, Manuel Valls débarque donc sur place avec son épouse et ses quatre enfants. Bien décidé à y rester, il a même acheté le pavillon de Guyard. Celui-ci se souvient de son omniprésence et des débats passionnés pendant la campagne : "Il voulait une réforme de la loi de 1905, afin que l'islam soit traité comme les autres religions."

Une fois élu, Valls est d'autant plus absorbé par son premier mandat qu'il expérimente en banlieue sud son attachement indéfectible à la laïcité, l'un de ses sujets favoris en loge. Une lourde tâche dans une ville multiconfessionnelle où les nombreuses communautés religieuses ne vivent pas toujours en parfaite harmonie. Avec le temps, et non sans heurts et faux pas, Valls apprend à établir des relations équilibrées avec chacune d'elles. A la fin de 2002, il somme ainsi les responsables d'un magasin Franprix de remettre du porc et de l'alcool dans les rayons, en accusant l'enseigne d'avoir une "approche communautariste" du commerce.

Depuis 2005, Manuel Valls n'est donc plus franc-maçon, mais il demeure imprégné des valeurs qu'il a magnifiées du temps où il fréquentait les "temples". En 2010, député maire d'Evry, il se déplace à Chanteloup-les-Vignes (Yvelines) pour soutenir la crèche Baby Loup, poursuivie devant les prud'hommes pour avoir licencié une salariée voilée. "Cette crèche est le symbole d'une laïcité ardente et vivante", clame-t-il quelques semaines plus tard, à l'Assemblée nationale. Des propos très appréciés dans les temples du GODF.

Jean-Pierre Antebi

Jean-Pierre Antebi est l'homme qui a fait entrer Manuel Valls au Grand Orient de France en 1989. Un rocardien de la première heure, ardent défenseur de la laïcité. Le parrain de Manuel Valls en franc-maçonnerie, décédé en 2007 à l'âge de 64 ans, était courtier en assurances et n'appartenait pas aux cercles politiques les plus en vue. C'est pourtant lui qui, en 1989, a accompagné l'intégration du futur Premier ministre au sein de la loge Ni maîtres ni dieux du Grand Orient de France.

Ce barbu aux yeux malicieux avait trois passions : la politique au Parti socialiste (tendance Rocard), la franc-maçonnerie au GODF et le combat contre l'antisémitisme dans les rangs de la Ligue internationale contre le racisme et l'antisémitisme (Licra). Orateur talentueux doublé d'un pince-sans-rire, il maniait les mots et la provocation.

Jean-Pierre Antebi est venu au militantisme par le syndicalisme étudiant et le Parti socialiste unifié (PSU), formation née en 1960 de l'opposition à la guerre d'Algérie. En 1973, l'année où il suit Michel Rocard au PS, il est initié dans la loge Université maçonnique du GODF, un atelier rebelle. Même si Antebi n'aime guère François Mitterrand, trop machiavélique à son goût, cela ne l'empêche pas de prendre un parrain mitterrandien, Guy Penne, qui sera nommé conseiller aux affaires africaines à l'Elysée en 1981.

Si Antebi apprécie la politique, il ne franchit jamais le pas d'une véritable carrière. "Ne pouvant en faire son métier, il est devenu courtier en assurances", témoigne Edith, sa veuve. Considéré comme "affectif" et parfois "soupe au lait", il assouvit sa soif de reconnaissance dans la hiérarchie du GODF. En 1986, il accède au conseil de l'ordre, l'exécutif de l'obédience. Le voici, pendant trois ans et auprès de trois grands maîtres successifs, grand secrétaire aux affaires extérieures.

Ce parcours illustre les tiraillements d'une personnalité complexe, partagée entre le goût du pouvoir (sans griserie) et le rejet libertaire de l'autorité. "C'était l'homme d'un triple refus", confie Jean Pachot, son "frère" le plus proche. Refus de l'hypocrisie, des enfermements intellectuels et sociaux et des fractures qui empêchent le dialogue. Antebi aime brasser des idées folles, surtout lors des agapes qui suivent certaines réunions maçonniques.

Il a ses habitudes chez Jo Goldenberg, restaurant juif de la rue des Rosiers, à Paris, visé par un attentat en 1982. La lutte contre l'antisémitisme est l'un des grands combats de sa vie. Pacifiste convaincu, passionné par le conflit israélo-palestinien, il n'hésite jamais à apostropher ses frères : "Soyez donc un peu internationalistes !" "Un mec génial", résume Patrick Gaubert, ex-président de la Licra.

Une affaire judiciaire obscurcit tout de même ce parcours. En 1995, la Licra porte plainte pour faux et abus de confiance contre sa directrice, par ailleurs franc-maçonne. Celle-ci réplique en accusant de complicité Antebi, en qualité de trésorier de l'organisation antiraciste. En 2002, la justice les condamne tous les deux, mais relaxe le président de l'époque, le socialiste Pierre Aidenbaum. Cette sanction affecte Antebi, déjà affaibli par la leucémie. "En franc-maçonnerie, confie-t-il à Jean Pachot, j'ai rencontré les plus belles crapules et mes meilleurs amis."

Sans cesse de montrer sa joie d'être grand-père, il lutte pendant des années contre la maladie. En janvier 2007, il est enterré dans le carré juif du cimetière de Bagneux (Hauts-de-Seine), sans Manuel Valls, mais en présence d'anciens responsables du GODF et de frères en habits maçonniques.

Ministère de l'Intérieur

Au cours de la cérémonie de vœux qu'il a offerte aux obédiences maçonniques en début de soirée au ministère de l'Intérieur, Manuel Valls exhorté les francs-maçons à se battre contre les extrémismes, l'extrême-droite, Dieudonné en particulier, et en stigmatisant les attaques indignes de la manifestation « Jour de colère » du 26 janvier 2013.

Dans un discours très républicain, où le terme laïcité a été utilisé plusieurs fois, Manuels Valls a souligné le rôle positif de la franc-maçonnerie dans la construction de la République française. Pour écouter le ministre Valls, boire le Champagne et déguster les petits fours, 35 francs-maçons se sont déplacés au ministère de l'Intétieur sur les 50 prévus. Quatre obédiences étaient représentées : GODF, GLNF, GLFF et GLAMF. Chacune avait été invitée par l'Intérieur à composer sa délégation.

Pour le GODF, plusieurs conseillers de l'Ordre représentaient le Grand Maître Daniel Keller (retenu à Brignoles pour une conférence où il expliquait pourquoi un franc-maçon ne peut pas être membre du FN) et l'on comptait également trois anciens Grands Maîtres : Philippe Guglielmi, Alain Bauer et Jean-Michel Quillardet.

La Grande Maîtresse Catherine Jeannin-Naltet représentait la GLFF et était accompagnée d'Yvette Roudy, ex ministre des Droits de la

Femme. Alain Juillet, Grand Maître, représentait la GLAMF, et Jean-Pierre Servel, Grand Maître, la GLNF. Roger Dachez était également présent pour l'IMF. Plusieurs dignitaires ont été surpris de l'absence de représentants de la GLDF et de la FFDH. De mémoire de maçons, c'est la première fois qu'un ministre de l'Intérieur offre une cérémonie de vœux aux obédiences. Nicolas Sarkozy l'avait fait, mais en tant que Président de la République

Jean-Luc Mélenchon

Après s'être longtemps refusé à tout commentaire, le candidat du Front de Gauche à la présidentielle l'a confirmé début 2012. Il est bien entré en franc-maçonnerie dès 1983. L'ancien trotskiste explique cette initiation à la loge Roger Leray du Grand Orient de France par son attachement aux idéaux républicains.

Il fait partie du Grand Orient de France comme son père, comme il l'a confié à Lilian Alemagna et Stéphane Alliès, les deux journalistes auteurs de Mélenchon le plébéien. Après des années de silence, Jean-Luc Mélenchon reconnait désormais être franc-maçon et membre de la très cotée loge du Grand Orient de France (GODF). Une appartenance que le leader du Front de gauche tente de justifier, mais qui ne sonne pas très « peuple de gauche » quand on sait que ses « frères » de loge ont notamment pour nom Claude Guéant, Brice Hortefeux ou Xavier Bertrand.

Et la justification de l'ancien sénateur socialiste n'est guère convaincante : « je comprends non pas la vision trotskyenne de la franc-maçonnerie, c'est-à-dire une machine à corrompre la classe ouvrière, mais je vois l'inverse : le lieu où se conserve le fil d'or. Où traverse notre histoire. Les temps profonds ».

Des « temps profonds » qu'il peut partager avec Claude Guéant ou Brice Hortefeux, avec lesquels il partage sans doute la même conception clanique de la République. Sans parler de la flopée de chefs d'entreprise qui viennent au Grand Orient faire leurs petites affaires et rencontrer en toute discrétion leurs « frères » politiques.

Les candidats à la présidentielle de 2017 commencent à passer les uns après les autres leur grand oral devant les francs-maçons du Grand Orient de France. Quelques jours auparavant, le 30 mai 2016, c'est Jean-Luc Mélenchon, le co-fondateur du Parti de Gauche, qui «

planchait » lors d'une Tenue Blanche Fermée au temple parisien du GODF, rue Cadet. Le thème était le même : «Refonder la République». Et plus de 250 frères trois points sont venus l'écouter, parmi lesquels Daniel Keller, « grand maître » sortant.

Le grand maître Daniel Keller s'est ensuite dit d'accord avec de nombreux aspects du diagnostic présenté par le cofondateur du Parti de gauche (et franc-maçon assumé): démantèlement de l'Etat, rôle de l'école, inquiétudes sur le prolongement de l'état d'urgence et critique de l'inversion de la hiérarchie des normes dans la loi El Khomri (l'accord d'entreprise pouvant s'imposer plus facilement sur les accords de branche).

Keller a, en revanche, exprimé des réserves sur les positions du candidat à la présidentielle concernant l'Europe. "On a besoin d'une construction politique, ce que n'est pas, hélas, l'Union européenne, mais pas d'un repli souverainiste."

Il faut noter que, selon les usages maçonniques, Mélenchon étant franc-maçon il aurait pu être invité comme frère dans le cadre d'une «Tenue Blanche Ouverte» (où les profanes sont admis) mais c'est en tant que candidat à la présidentielle de 2017 qu'il a été invité et ce fut donc une « Tenue Blanche Ferme»

C'est pourquoi comme l'expliquait Jean-Marie Le Pen dans Le Parisien, «*La cour (pousse Mélenchon) parce qu'il est d'une gauche comme elle les aime. Ce n'est pas le bourgeois gentilhomme, c'est le bourgeois méchant homme, mais c'est un bourgeois. Après avoir été un élu assez effacé, il a brusquement le démon de midi. Il se révèle en leader révolutionnaire… de façade! Il a été sénateur pendant vingt ans et n'a pas fait trembler le Sénat par ses éclats révolutionnaires (…). C'est le cache-sexe du Parti communiste. Je l'appelle merluchon, un petit merlu, qui est le chef de l'équipe des requins qui suivent derrière.* »

GOdF vs Manif pour tous

Mariage pour tous

Les diverses obédiences de francs-maçons contribuent de manière importante à la propagande pour le mariage des couples homosexuels. Il ne faut probablement pas y voir un complot, encore que le culte du secret se prête au soupçon, mais plutôt une sorte de convergence implicite de personnes vouées à la recherche de la liberté individuelle quelles qu'en soient les conséquences. L'impact des loges maçonniques est cependant trop important pour être passé sous silence.

La principale loge maçonnique, le Grand Orient de France (GODF), qui compterait environ 52.000 membres, milite explicitement pour le mariage des couples homosexuels. Bien qu'elle n'appelle pas à manifester pour le projet de loi, elle autorise ses dignitaires à participer aux manifestations revêtus de leurs insignes maçonniques. Sur son site, le GODF se sent tellement sûr de lui qu'il menace sans vergogne les responsables religieux de représailles juridiques, oubliant que la libre expression des opinions est l'un des droits fondamentaux dans une démocratie.

Une majorité des obédiences maçonniques françaises, notamment la Grande loge féminine de France (14.000 membres environ), se dit libérale et a-dogmatique et se présente collectivement à la presse, sans faire de déclaration commune sur le mariage des couples homosexuels. Même si certaines obédiences ont déclaré qu'elles auraient préféré un débat mieux organisé et plus long, elles sont bien discrètes et la tendance générale paraît être celle du GODF.

Le Nouvel Observateur, que l'on ne peut qualifier de journal de droite, reconnaît l'influence des francs-maçons sur le gouvernement actuel, par l'intermédiaire de membres éminents des loges (dont

Manuel Valls, Jean-Yves Le Drian, Jérôme Cahuzac, Alain Vidalies, Victorin Lurel, Anne-Marie Escoffier, Frederic Cuvillier, Christophe Chantepy, Jean-Pierre Bel, François Rebsamen, Jean-Vincent Placé, Jean-Michel Baylet, et même Jean-Luc Mélenchon).

Le Nouvel Observateur cite encore comme initiés ou comme « maçons sans tablier » Marylise Lebranchu, Stéphane Le Foll, Vincent Peillon, Michel Sapin, Thierry Repentin, Aquilino Morelle (conseiller politique du président), Jean Le Garrec (ancien ministre), Elisabeth Guigou (ancienne ministre), Philippe Guglielmi (premier secrétaire fédéral du PS de Seine-Saint-Denis), Guy Arcizet (ancien grand maître du GO), José Gulino (grand maître du GO), Claude Bartolone, Christian Bataille, Henri Emmanuelli, Pascale Crozon, Pascal Terrasse, Brigitte Bourguignon, Odile Saugues, Jean-Marie Le Guen, et d'autres.

Certes il y a aussi des francs-maçons de droite, mais il n'échappera à personne que les maçons sont statistiquement plus à gauche qu'à droite, et en l'occurrence cela est manifeste pour le mariage des couples homosexuels. A noter dans le lobby « pro mariage gay » que Pierre Bergé, une de ses figures de proue et de ses grandes fortunes (c'est entre autres l'un des actionnaires du Monde et il a aussi été propriétaire du magazine gay « Tetu »), semble au mieux avec le GODF où il a notamment été invité à une « tenue blanche fermée » (comprenne qui pourra) le 18 janvier 2011.

Le Grand Orient de France a eu l'occasion à deux reprises, dans deux communiqués, de saluer l'adoption par le Conseil des ministres et le dépôt devant le Parlement du texte de loi sur le « mariage pour tous ». Le conseil de L'Ordre, a décidé de laisser libres les maçons du Grand Orient de France de s'associer à toutes les manifestations en faveur de ce texte : chacun pouvait participer en cordon de maître (ou en sautoir de Vénérable si la Loge a voté au préalable sur le principe de ce soutien).

Guerre contre Civitas

Voilà un long moment que des organisations laïcistes associées au lobby LGBT, aux loges maçonniques et à des mouvements politiques de gauche et d'extrême gauche exigeaient de l'Etat que les dons faits à Civitas ne puissent plus être partiellement déductibles des impôts, déductibilité pourtant pratiquée par de très nombreuses associations de tous bords.

Civitas a fait l'objet d'un contrôle fiscal aux évidents relents politiques. L'administration fiscale, agissant sur ordre, vient de décider de priver Civitas de la possibilité d'émettre des reçus fiscaux permettant à ses donateurs une déduction partielle de leurs impôts. Mais ce qui est plus grave, c'est que cette mesure est prise avec effet rétroactif, en conséquence de quoi l'administration fiscale réclame 55.000 euros !

Les plaignants représentent des organisations qui, elles, ne bénéficient pas simplement de la déductibilité fiscale mais aussi et surtout de larges subventions prélevées sur l'argent versé par le contribuable sans le consentement de celui-ci.

L'Union des Familles Laïques (UFAL), organisation laïciste regroupant, selon ses dires, 2.900 familles, et très très proche du Grand Orient de France (GODF), crie victoire, pour avoir obtenu que Bercy s'en prenne à Civitas et lui inflige un redressement fiscal de 55.000 euros. Le site Yagg, l'une des principales plateformes LGBT en France, se réjouit également.

Selon le communiqué de l'UFAL, il faut y voir le résultat de sa pétition adressée aux services fiscaux. Cette pétition lancée le 29 novembre 2012 a réuni péniblement un peu moins de 16.000 signatures en plus de trois ans de multiples rappels. C'est loin d'être un succès populaire. Mais on y retrouvait dès les premières signatures tout le magma haineusement anti-chrétien.

Fraternité Arc en Ciel

C'est une association 1901 créée en Mai 2003 à l'initiative d'un groupe de Francs Maçons, homosexuels ou gay friendly qui ont pris la mesure de la difficulté que certains Frères ou Sœurs homosexuel(le)s avaient d'affirmer leur "différence" dans leurs Loges. C'est par le vocable de Frères et Sœurs que les Francs Maçons s'appellent entre eux.

Ces frères et sœurs souffraient de l'isolement dans lequel ils, ou elles, étaient contraints de se confiner pour ne pas "faire de vagues" au milieu de gens qui s'étaient initialement regroupés pour "réunir ce qui est épars", mais pour qui l'homosexualité demeure une barrière qui semble difficile à franchir.

Les buts sont :

- *rassembler d'une manière fraternelle et conviviale des Francs-Maçons homosexuels ou sympathisants.*
- *écouter et conseiller celles ou ceux qui, au sein de leurs Loges, seraient victimes de comportements plus ou moins homophobes et en souffriraient.*
- *travailler à travers des rencontres, des courriers, des réflexions ou des débats pour tenter de parvenir à la compréhension ou au respect de nos différences.*
- *aider et soutenir les Frères et Seurs dans l'affirmation de leurs choix sexuels, qu'ils ou elles souhaitent, ou pas, affirmer ces choix dans leur vie maçonnique ou dans leur vie profane.*
- *guider les premiers pas de profanes homosexuels qui souhaiteraient entrer dans la Franc-Maçonnerie.*

Dans un souci d'ouverture maximum, FRATERNITE ARC EN CIEL a prévu un statut particulier de membre, réservé à des Frères ou Sœurs provisoirement non affiliés à une obédience ou une loge maçonnique, ainsi qu'à des profanes qui auraient concrètement entamé une démarche d'affiliation maçonnique. Ces membres particuliers pourront ainsi assister à la plupart de nos réunions. Néanmoins, leur adhésion est provisoire pour un an, dans l'attente de leur intégration (ou réintégration).

Basée à Montpellier, FRATERNITE ARC EN CIEL souhaite implanter son action sur tout le grand Sud, dans un premier temps. Dans cette perspective, l'Association sera divisée en antennes locales qui organiseront leurs activités librement. Chacune de ces antennes enverra un ou plusieurs délégués aux réunions du Conseil d' Administration, lequel rassemblera de la sorte les pouvoirs des antennes locales.

La finalité de la FRATERNITE ARC EN CIEL se résumera ainsi :

-réfléchir et répondre à des situations d'homophobie pouvant exister en Franc-Maçonnerie.
- conseiller et guider celles ou ceux qui pourraient imaginer que leurs choix sexuels leur fermeraient les portes de la Franc-Maçonnerie.
-confronter nos vécus avec celles ou ceux qui se seraient mis en marge de leur Loge par crainte de certaines formes d'homophobie latente.

L'Eglise Catholique

Le chef de l'Eglise catholique française, Mgr André Vingt-Trois, a redit son opposition au mariage homosexuel en précisant qu'il n'excluait pas de saluer les manifestants.

Les prosélytes du mariage pour tous s'étonnent , voire fulminent , que les propos du pape Benoît XVI , qui a appelé les catholiques à « lutter » contre le mariage homosexuel, aient été relayés par Eric de Labarre le «patron» des établissements catholiques, qui évoque ce sujet dans un courrier adressé à ces derniers.

«Dans cette lettre résolument engagée, rapporte gravement Le Parisien, loin en tout cas de la relative neutralité habituellement observée par l'école libre, le patron des établissements catholiques y rappelle sa position officielle pour le droit essentiel de la reconnaissance de la différence des sexes. Il invite aussi les établissements à s'emparer du débat sur le projet de loi à travers toutes les initiatives qu'ils jugeront adaptées, dans le respect des personnes et des consciences : discussions en classe, réunions organisées par les parents, etc. »

Le site du magazine homosexualiste Têtu rappelait ainsi l'engagement du Grand Orient de France « en faveur de l'ouverture du mariage et de l'adoption aux couples de même sexe ». Etait interrogé sur ce point Laurent Kupferman, coauteur avec Emmanuel Pierrat de «Ce que la France doit aux francs-maçons », aux éditions First.

«C'est à la fois un engagement pour le respect de la laïcité, et en faveur du projet de loi sur le mariage et l'adoption pour tous explique M. Kupferman. *Le communiqué du Grand Orient de France en novembre est sans ambiguïté sur ces points. D'un côté il condamne au nom de la laïcité les propos du Cardinal Jean Vingt-Trois, en parlant d'imprécations stigmatisantes et en rappelant que les églises doivent se restreindre à la seule sphère spirituelle. De l'autre, il affirme son soutien à ce projet de loi qui vise à assurer une reconnaissance républicaine du libre choix matrimonial, au nom de l'égalité des droits. ».*

Bruno Gollnisch a écrit dans son blog *: Libre à la secte du Grand Orient de faire connaître au grand public sa « vision du monde », mais elle ne saurait stigmatiser l'Eglise au motif qu'elle entend user du droit de faire connaître la sienne. A fortiori sur une question qui déborde très largement du cadre religieux note Bruno Gollnisch et qui légitime d'autant l'engagement de la droite nationale, populaire et sociale contre ce processus. Les opposants au « mariage pour tous »* *ne sont pas uniquement des catholiques et des croyants pratiquants, mais tous les Français conscients de la portée d'une évolution législative lourde de menaces.*

Catho-laïcité

François Fillon a très visiblement mis en avant sa proximité avec le monde catholique, sans doute dans l'objectif de capter les voix de ces croyants. La dimension religieuse a été si forte dans l'affrontement Fillon-Juppé que le maçonnique Comité Laïcité République, par la voix de son président Patrick Kessel, ancien Grand Maître du GODF, a réagit ce 29 novembre 2016 avec virulence:

« La "catho-laïcité" est de retour. On voulait bien croire ceux qui affirmaient que la droite modernisée avait mis un terme à ses collusions historiques avec l'Eglise. Certes, on savait que celle-ci n'était pas résignée à la séparation. Dès 1987, le Président de la conférence épiscopale, le cardinal Vilnet, estimait venu le temps de redéfinir le caractère institutionnel de la laïcité. Gauche ou droite au pouvoir, le retour du religieux en politique était lancé.

Les tribulations de Nicolas Sarkozy à Latran, plaçant le prêtre au-dessus de l'instituteur et le vote de la loi Carle, élargissant encore les financements publics aux écoles confessionnelles, nous rappelaient aux dures réalités. La mobilisation d'élus de droite contre le mariage pour tous, aux côtés d'associations intégristes, aurait dû réveiller ceux qui continuaient à penser que les temps avaient changé.

Mais chassez le naturel, il revient au galop! Voilà la primaire de droite qui tourne en course à l'échalote pour déterminer lequel des deux candidats porte le mieux la parole papale! On croit rêver ! Qu'aurions-nous entendu si un candidat avait placé son programme sous les auspices d'un chef religieux musulman, protestant, juif, voir athée?

L'IVG, la PMA, le mariage pour tous sont revenus d'un coup sur le devant de la scène comme s'il s'agissait de simples questions de moeurs en débat, alors que ce sont des droits acquis. Certaines municipalités censurent des affiches de prévention du SIDA, amorales à leur goût !

Le Conseil d'Etat donne le feu vert à l'installation de crèches dans des établissements publics! Du culturel, nous dit-on, comme si la nativité n'avait rien à voir avec la religion! De qui se moque-t-on ? Comment expliquera-t-on à des jeunes filles qu'elles doivent ôter leur voile dans les écoles de la République alors que des crèches seront légitimes dans des mairies? Deux poids et deux mesures pour rajouter de la confusion à la confusion. La montée des revendications islamistes ne saurait légitimer un retour au cléricalisme romain.

Ce retour de la "catho-laïcité" ne tombe pas du ciel. Il a été préparé par ceux qui, à droite, s'évertuent à substituer la liberté religieuse à la laïcité. Mais aussi par cette partie de la gauche qui, d'accommodements raisonnables en atermoiements coupables face aux revendications communautaristes, aura fragilisé la laïcité.

Cette gauche prête à renoncer à sa culture laïque pour essayer de séduire l'électorat musulman, cette droite prête à composer avec l'identitarisme le plus conservateur en croyant conquérir l'électorat catholique, ont-elles conscience que l'électoralisme a ses limites éthiques et qu'à jouer avec le feu, c'est la démocratie elle-même qui finira par se consumer ?

Les candidats à la Présidence de la République devraient comprendre qu'il n'y a pas une laïcité vue de gauche, qui exonèrerait l'Islam des principes républicains et une laïcité vue de droite, qui replacerait l'Eglise au coeur des choix de société. Il y a une seule laïcité sans qualificatif qui garantit à tous la liberté de croire ou de ne pas croire, mais qui sépare clairement la religion et la politique, la foi et la Cité, les églises et l'Etat, qui assure l'égalité en droit entre tous les citoyens, quelles que soient leurs origines et leurs convictions. Il n'est que temps que des voix s'élèvent pour le dire avec force et clarté à l'occasion des échéances électorales qui attendent le pays.